**Einführung in die
Programmiersprache FORTRAN**

Praxiswissen EDV

Herausgegeben von der
Technischen Akademie Wuppertal

Gerhard Kalkreuter
unter Mitarbeit von Ellen Breitmeyer

Einführung in die Programmiersprache FORTRAN

Eva u. Hans Ringel
Eichenwald 11
90574 Rosstal
Tel. 09127 / 91 22

Verlag TÜV Rheinland

Die Informationen im vorliegenden Buch werden ohne Rücksicht auf einen eventuellen Patentschutz veröffentlicht.
Warenzeichen werden ohne Gewährleistung der freien Verwendung benutzt.
Bei der Zusammenstellung von Texten und Abbildungen wurde mit größter Sorgfalt vorgegangen. Trotzdem können Fehler nicht vollständig ausgeschlossen werden. Der Autor und der Herausgeber können für fehlerhafte Angaben und deren Folgen weder eine juristische Verantwortung noch irgend eine Haftung übernehmen. Dies gilt auch für veröffentlichte Programme und Programmausschnitte.
Alle Rechte vorbehalten, auch die der fotomechanischen Wiedergabe und der Speicherung in elektronischen Medien.
Die gewerbliche Nutzung der in diesem Buch gezeigten Modelle und Arbeiten ist nicht zulässig.
MICROSOFT-FORTRAN ist ein eingetragenes Warenzeichen der Microsoft GmbH.

CIP-Titelaufnahme der Deutschen Bibliothek

Kalkreuter, Gerhard:
Einführung in die Programmiersprache FORTRAN / Gerhard Kalkreuter. Unter Mitarbeit von E.Breitmeyer. - Köln: Verl. TÜV Rheinland, 1989
  (Praxiswissen EDV)
  ISBN 3-88585-653-0

ISBN 3-88585-653-0
© by Verlag TÜV Rheinland GmbH, Köln 1989
Gesamtherstellung: Verlag TÜV Rheinland GmbH, Köln
Printed in Germany 1989

VORWORT

Die Entwicklung des Rechnereinsatzes in Unternehmen und Organisationen nimmt derzeit einen spannenden Verlauf. Im Vordergrund steht das Bemühen, alle Unternehmensbereiche mit <u>integrierten Systemen</u> zu verknüpfen, um den bereichsübergreifenden Datenfluß zu optimieren und zu beschleunigen. Gleichzeitig erlaubt die rapide Entwicklung der Hardware und der Standard-Anwenderprogramme die Implementierung von intelligenten Computerarbeitsplätzen und damit eine dezentrale <u>EDV-Nutzung</u>.

Vor diesem Hintergrund wird deutlich, warum "Praxiswissen EDV" zunehmend an Bedeutung gewinnen wird, denn die Dezentralisierung von DV-Intelligenz - freilich ohne den Verbund zu anderen Stellen aufzugeben - eröffnet individuelle Gestaltungsspielräume, indem entweder kleinere Programme in den Abteilungen selbst geschrieben oder aber bestehende Anwenderprogramme durch Anpassungsprogrammierung für die zu bewältigenden Aufgaben optimiert werden. Das gilt insbesondere in den technischen und wissenschaftlichen Abteilungen.

Die Folge ist ein steigender Schulungsbedarf, um die erkannten Defizite abzubauen. Als eine der größten deutschen Weiterbildungseinrichtungen führt die TECHNISCHE AKADEMIE WUPPERTAL eine Vielzahl von EDV-Kursen für verschiedene Zielgruppen durch.

Dabei stellte sich in der Vergangenheit immer häufiger die Frage nach geeigneter kursbegleitender Literatur. Die angebotenen Bücher waren entweder für EDV-Spezialisten geschrieben oder ließen eine kursgerechte didaktische Aufbereitung vermissen.

So lag der Schluß nahe, die Entwicklung einer Buchreihe "Praxiswissen EDV" selbst in die Hand zu nehmen, um diese Lücke zu schließen. Der nun vorliegende Band "Einführung in die Programmiersprache FORTRAN" ist Bestandteil dieser Reihe. Er orientiert sich an den notwendigen Lernschritten und eignet sich gleichermaßen als Kursmaterial und als Literatur für das autodidaktische Studium. Das Buch wendet sich somit sowohl an DV-Dozenten und Kursplaner von Bildungs- und Weiterbildungseinrichtungen als auch an den einzelnen Programmieranfänger.

Wir möchten an dieser Stelle nicht versäumen, uns für die kooperative Zusammenarbeit aller Beteiligten, insbesondere der Autoren, zu bedanken.

Univ. Prof. Dr.-Ing.habil. W. Holste
(RWTH Aachen, TU Wien, TA Wuppertal)

1.	EINFÜHRUNG	1
1.1	Was ist ein Computerprogramm?	2
1.2	Wie entsteht ein Programm?	4
1.3	Zeichensatz	6
1.4	Namen	7
1.5	Daten	8
1.6	Konstanten	10
1.7	Variablen	11
1.8	Dateien	12
1.8.1	Sequentielle Dateien	13
1.8.2	Dateien mit direktem Zugriff	14
1.9	Programmeinheiten	15
1.10	Kurzfragen zu Kapitel 1	16
2.	ELEMENTE VON FORTRAN	17
2.1	Zeichensatz	17
2.2	Namen	18
2.3	Daten	18
2.3.1	Typen	19
2.3.2	Konstanten	22
2.3.2.1	INTEGER	23
2.3.2.2	REAL	23
2.3.2.3	DOUBLEPRECISION	24
2.3.2.4	COMPLEX	24
2.3.2.5	LOGICAL	25
2.3.2.6	CHARACTER	25
2.3.3	Variablen	26
2.3.4	Felder	27
2.3.5	Vorbelegung von Speicherplätzen	29
2.4	Dateien in FORTRAN	30
2.5	Anweisungen	31
2.5.1	Aufbau von FORTRAN-Anweisungen	32
2.5.2	Reihenfolge der Anweisungen im Programm	32
2.5.3	Einteilung der Anweisungen	33
2.5.3.1	Nicht ausführbare Anweisungen	33
2.5.3.2	Ausführbare Anweisungen	34

2.6	Anweisungsnummern	36
2.7	Kurzfragen zu Kapitel 2	37
3.	SPRACHÜBERSICHT MICROSOFT FORTRAN	39
3.1	Microsoft FORTRAN Meta-Befehle	39
3.2	Programmeinheiten	40
3.2.1	Hauptprogramm (PROGRAM)	40
3.2.2	Unterprogramm (SUBROUTINE)	40
3.2.3	Funktionen (FUNCTION)	41
3.2.4	BLOCKDATA Unterprogramm	41
3.3	Eingabe / Ausgabe	42
3.3.1	Das Eingabe/Ausgabe-System (Datei-System)	42
3.3.2	Dateien (Files)	42
3.4	Datentypen	43
3.4.1	Integer	44
3.4.2	Real	45
3.4.3	Double Precision	45
3.4.4	Complex	46
3.4.5	Logical	46
3.4.6	Character	46
3.5	Ausdrücke	46
3.5.1	Arithmetische Ausdrücke	47
3.5.1.1	INTEGER-Division	49
3.5.1.2	Typanpassung	49
3.5.2	CHARACTER-Ausdrücke	50
3.5.3	Vergleichs-Ausdrücke	51
3.5.4	Logische Ausdrücke	51
3.5.5	Wertigkeit von Operatoren	53
3.5.6	Nichterlaubte Operationen	53
3.6	Namen	54
3.6.1	Geltungsbereich von Namen	55
3.6.2	Nichtvereinbarte Namen	55
3.7	Zeilen und Spalten	55
3.7.1	Metabefehlszeile	56
3.7.2	FORTRAN-Befehlszeilen	56
3.7.3	Fortsetzungszeilen	57
3.7.4	Kommentarzeilen	57
3.8	Zeichen	57
3.8.1	Leerzeichen	58
3.8.2	Tabulatorzeichen	58
3.9	Kurzfragen zu Kapitel 3	59

4.	STRUKTURIERTES PROGRAMMIEREN	61
4.1	Struktogramme	63
4.1.1	Die Sequenz	64
4.1.2	Die Auswahl	64
4.1.2.1	Einseitige Auswahl	64
4.1.2.2	Zweiseitige Auswahl	65
4.1.3	Die Wiederholung	65
4.1.3.1	Die abweisende Schleife	65
4.1.3.2	Die nicht-abweisende Schleife	66
4.1.3.3	Die Zählschleife	66
4.1.4	Unterprogrammstrukturen	66
4.2	Strukturiertes Programmieren in FORTRAN	67
4.2.1	Bildung der sequentiellen Struktur	67
4.2.2	Bildung der Verzweigungs-Strukturen	68
4.2.2.1	Die einseitige Verzweigung	68
4.2.2.2	Die zweiseitige Verzweigung	68
4.2.2.3	Die mehrseitige Verzweigung	69
4.2.3	Bildung der Schleifen-Strukturen	70
4.2.3.1	Die Zählschleife	70
4.2.3.2	Die WHILE-Schleife	71
4.2.3.3	Die Einlese-Schleife	71
4.2.3.4	Die REPEAT UNTIL-Schleife	72
4.2.4	Unterprogramm-Aufrufe	73
4.2.4.1	FUNCTION-Unterprogramm	73
4.2.4.2	SUBROUTINE-Unterprogramm	73
4.3	Aufgaben zu Kapitel 2	75
4.3.1	Verzweigungen	75
4.3.2	Wiederholungsstrukturen	78
5.	MICROSOFT FORTRAN-ANWEISUNGEN	81
5.1	Einteilung der Anweisungen	81
5.2	Übersicht der Anweisungen mit Beispielen	82
5.2.1	Die ASSIGN-Anweisung	82
5.2.2	Die Zuweisung mit =	83
5.2.3	Die BACKSPACE-Anweisung	84
5.2.4	Die BLOCK DATA-Anweisung	87
5.2.5	Die CALL-Anweisung	88
5.2.6	Die CLOSE-Anweisung	90
5.2.7	Die COMMON-Anweisung	93
5.2.8	Die CONTINUE-Anweisung	95
5.2.9	Die DATA-Anweisung	96
5.2.10	Die DIMENSION-Anweisung	99
5.2.11	Die DO-Anweisung	103
5.2.12	Die ELSE-Anweisung	106
5.2.13	Die ELSEIF-Anweisung	108
5.2.14	Die END-Anweisung	110
5.2.15	Die ENDFILE-Anweisung	110
5.2.16	Die ENDIF-Anweisung	112

5.2.17	Die EQUIVALENCE-Anweisung	113
5.2.18	Die EXTERNAL-Anweisung	114
5.2.19	Die FORMAT-Anweisung	114
5.2.20	Die FUNCTION-Anweisung	119
5.2.21	Die zugeordnete (assigned) GOTO-Anweisung	122
5.2.22	Die berechnete GOTO-Anweisung	123
5.2.23	Die absolute GOTO-Anweisung	124
5.2.24	Die arithmetische IF-Anweisung	126
5.2.25	Die logische IF-Anweisung	127
5.2.26	Die BLOCKIF-Anweisung	130
5.2.27	Die IMPLICIT-Anweisung	131
5.2.28	Die INQUIRE-Anweisung	134
5.2.29	Die INTRINSIC-Anweisung	137
5.2.30	Die OPEN-Anweisung	138
5.2.31	Die PARAMETER-Anweisung	144
5.2.32	Die PAUSE-Anweisung	145
5.2.33	Die PROGRAM-Anweisung	146
5.2.34	Die READ-Anweisung	147
5.2.35	Die RETURN-Anweisung	152
5.2.36	Die REWIND-Anweisung	152
5.2.37	Die Statement-FUNCTION-Anweisung	154
5.2.38	Die STOP-Anweisung	155
5.2.39	Die SUBROUTINE-Anweisung	156
5.2.40	Die Typ-Anweisung	158
5.2.41	Die WRITE-Anweisung	159
6.	INTRINSIC FUNCTIONS	161
6.1	Bibliotheksfunktionen	161
6.1.1	Sinus	162
6.1.2	Cosinus	162
6.1.3	Tangens	163
6.1.4	Cotangens	163
6.1.5	Arcus-Sinus	163
6.1.6	Arcus-Cosinus	164
6.1.7	Arcus-Tangens	164
6.1.8	Sinus-Hyperbolikus	164
6.1.9	Cosinus-Hyperbolikus	165
6.1.10	Tangens-Hyperbolikus	165
6.1.11	e-Funktion	165
6.1.12	Logarithmus zur Basis e	166
6.1.13	Logarithmus zur Basis 10	166
6.1.14	Quadratwurzel	166
6.1.15	Kubikwurzel	167
6.1.16	Absolutwert einer complexen Zahl	167
6.2	Einbaufunktionen	168
6.2.1	Absolutwert	168
6.2.2	Integer	169
6.2.2.1	INT	169
6.2.2.2	AINT	169
6.2.2.3	IDINT	169
6.2.2.4	DINT	170

6.2.3	Teilbarkeit	170
6.2.4	Maximales Element	171
6.2.4.1	AMAX0	171
6.2.4.2	AMAX1	171
6.2.4.3	MAX0	171
6.2.4.4	MAX1	172
6.2.4.5	DMAX1	172
6.2.5	Minimales Element	173
6.2.5.1	AMIN0	173
6.2.5.2	AMIN1	173
6.2.5.3	MIN0	174
6.2.5.4	MIN1	174
6.2.5.5	DMIN1	174
6.2.6	Typ-Umwandlungen	175
6.2.6.1	Integer-Real-Umwandlung	175
6.2.6.2	Real-Integer-Umwandlung	175
6.2.6.3	Real-Double Precision-Umwandlung	176
6.2.6.4	Double Precision-Real-Umwandlung	176
6.2.6.5	Real-Complex-Umwandlung	176
6.2.6.6	Realteil-Ermittlung	177
6.2.6.7	Imaginärteil-Ermittlung	177
6.2.6.8	Conjugiert-complex-Umwandlung	178
6.2.7	Vorzeichen-Übertragung	178
6.2.8	Differenz-Bildung	179
7.	FEHLERMELDUNGEN	181
7.1	Compiler- und Linkerfehler	181
7.2	Nummerierte Übersicht der Fehlermeldungen:	181
7.3	Laufzeit-Fehlermeldungen	193

1. EINFÜHRUNG

In diesem Kapitel werden, weitgehend unabhängig von einer bestimmten Programmiersprache aber mit einem leichten Blick auf FORTRAN, einige wichtige Grundbegriffe geklärt. Wer bereits eine Programmiersprache kennengelernt hat, kann, wenn ihm die Beantwortung der Kurzfragen am Ende dieses Kapitels keine Schwierigkeiten bereitet, dieses Kapitel überschlagen. Wenn Sie noch keine Programmiersprache kennengelernt haben, sollten Sie dieses Kapitel aufmerksam durcharbeiten. Die hier erläuterten Grundbegriffe werden im Laufe der nächsten Kapitel immer wieder benutzt.

Schreibweisen und ihre Bedeutung

In den folgenden Kapitel werden verschiedene Schreibweisen zur Darstellung bestimmte Zusammenhänge benutzt. Sie sollten sich diese Darstellungen gut einprägen, da sie für das Verständnis des behandelten Stoffes von großer Bedeutung sind.

- Dieses Zeichen ▌ kennzeichnet Definitionen

  - klein und **fett** geschriebene Bezeichnungen stehen als Platzhalter für definierte Begriffe. Das können feststehend Elemente aus einer Programmiersprache oder von Ihnen zu wählende Zeichenfolgen z.B. Namen sein.

  - Eckige Klammern [ ] kennzeichnen Angaben, die optional erfolgen können. Eine hochgestellte Ziffer gibt an, wie oft diese Angabe wiederholt werden darf. Drei Punkte ... stehen für eine beliebige Zahl von Wiederholungen.

  - Geschweifte Klammern { } stehen für eine Auswahl von Angaben.

  - GROSS geschriebene Begriffe sind Schlüsselworte der Programmiersprache FORTRAN, die so vom übrigen Programmtext abgehoben werden sollen.

1.1 Was ist ein Computerprogramm?

Diese, von Computerneulingen häufig gestellte Frage, soll gleich zu Beginn beantwortet werden. Sicher haben Sie schon einmal einen Einkaufszettel geschrieben oder nach einem Rezept einen Kuchen gebacken. Diese Handlungsanleitungen legen im wesentlichen einen bestimmten Ablauf von Aktionen fest. Das könnte bei einem Einkaufszettel etwa so aussehen:

```
Einkaufszettel für Samstag 25.2.1989

    Zuerst zum Geldautomaten
    200 DM holen

    dann:
    bei Müller-Markt: 500 g Käse
                      2 l Milch
                      12 Eier

    dann:
    im Baumarkt: 2 Rollen Klebeband
                 1 Pinsel

    Auf der Rückfahrt tanken
```

Auf diesem Blatt Papier haben sie als erstes festgehalten, daß es einen Einkaufszettel für Samstag, den 25.2.89 darstellen soll. Das ist wichtig wenn Sie am Samstag nicht selbst einkaufen gehen, sondern jemanden damit beauftragen wollen, dem Sie diese Angaben nicht mündlich übermitteln können.
Danach folgen bestimmte Anweisungen, deren Reihenfolge Sie durch zusätzliche Angaben (zuerst, dann, dann, auf der Rückfahrt) festgelegt haben. Das Einhalten dieser Reihenfolge ist wichtig, denn wie soll z.B. jemand ohne Geld seine Einkäufe erledigen. Man kann diese Reihenfolge von Aktionen auch als Programm bezeichnen.

Fassen wir also zusammen:

Was macht aus einem Zettel einen Einkaufszettel?

- Die Kennzeichnung als Einkaufszettel mit Angabe des Verwendungszwecks (Samstag, den 25.2.89).

Was macht aus einem Einkaufszettel ein Programm?

- Die Festlegung einer Folge von Handlungen. Dabei wird die Reihenfolge durch die Angabe von "Zuerst ... dann... Auf der Rückfahrt..." bestimmt.

Kommen wir jetzt zu Computerprogrammen. Sie sind ähnlich aufgebaut wie unser Einkaufszettel. Jedes Programm hat einen bestimmten Namen, der vom Programmierer vergeben wird. Im Programm stehen zeilenweise untereinander bestimmte Anweisungen, die der Computer von oben nach unten abarbeitet. Dabei entspricht die Reihenfolge, in der die Anweisungen stehen, unseren Angaben "Zuerst ... dann... Auf der Rückfahrt...". Diese Reihenfolge wird vom Programmierer festgelegt und ist für die Funktionsfähigkeit des Programms von Bedeutung, wie das folgende Beispiel zeigen soll.

Beispiel:

Ein Programm soll die Fläche eines Kreises in Abhängigkeit vom Radius berechnen. Wir schreiben die Anweisungen folgendermaßen auf:

Programm zur Kreisberechnung
Fläche berechnen
Ergebnis ausgeben
Radius einlesen
Ende

Diese Reihenfolge ist natürlich Unsinn! Wie soll das Programm die Fläche berechnen ohne den Wert für den Radius zu kennen. Richtig wäre es so:

Programm zur Kreisberechnung
Radius einlesen
Fläche berechnen
Ergebnis ausgeben
Ende

Hier stehen die Anweisungen in der für den Ablauf der Berechnung richtigen Reihenfolge.

Mit bestimmten Steueranweisungen kann von dieser durch die Reihenfolge des Aufschreibens festgelegten Folge der Abarbeitung abgewichen werden.

> *Ein Programm ist eine geordnete Folge von Anweisungen, Vereinbarungen und Beschreibungen in einer Programmiersprache.*
>
> *Die Anweisungen umfassen zumeist einfache Operationen wie Rechnen, Vergleichen, Eingeben, Ausgeben, Speichern von Daten und Wiederholen von Anweisungen.*
>
> *Diese Elementaranweisungen lassen sich zu leistungsfähigen Anweisungen wie z.B. Sortieren zusammenfassen.*
>
> *Vereinbarungen und Beschreibungen beinhalten jeweils eine detaillierte Darstellung der zu verwendenden Daten oder Geräte.*

1.2 Wie entsteht ein Programm?

Es gibt verschiedene Möglichkeiten, ein Programm zu erstellen. Das hängt nicht zuletzt von der verwendeten Programmiersprache und den Hilfsmitteln bei der Programmierung ab. Hier soll die folgende Vorgehensweise behandelt werden (immer mit Blick auf FORTRAN!).

1. Einführung

> *Die Schritte der Programmerstellung:*
>
> - *Programmentwurf mit Struktogramm*
> - *Übersetzung in eine Programmiersprache*
> - *Erzeugen der Quelltextdatei mit Editor*
> - *Quelltext mit dem Compiler in Objectcode umwandeln*
> - *Verbinden von Objectcode und Bibliotheken mit dem Linker*

Am Anfang steht der Programmentwurf. Dieser Entwurf wird mit den Hilfsmitteln der strukturierten Programmierung als Struktogramm dargestellt. Das Struktogramm wird dann in die vom Programmierer gewählte Programmiersprache übersetzt. Jetzt muß der Programmtext in eine vom Rechner lesbare Form gebracht werden. Zu diesem Zweck wird der Programmtext mit einem Editor in eine Datei geschrieben.

> - *Diese Datei nennt man* `Quelltext`.

Der Quelltext liegt jetzt in einer vom Rechner zu verarbeitenden Form vor, ist aber noch kein ablauffähiges Programm. Um ein lauffähiges Programm zu erhalten, muß der Quelltext mit einem Compiler in Maschinensprache übersetzt werden. Der Compiler erzeugt aus dem Quelltext eine weitere Datei.

> - *Diese Datei nennt man* `Objectcode`.

Der Objectcode enthält in übersetzter Form alle Anweisungen, die im Quelltext enthalten sind, es fehlen jedoch noch die Programmteile, die die eigentliche Arbeit leisten. Diese Programmteile sind in den Bibliotheken enthalten, die vom Compilerhersteller zusammen mit dem Compiler geliefert werden. Um diese Bibliotheken mit dem Quelltext zu verbinden ist eine weitere Stufe der Bearbeitung notwendig, die man **linken** nennt.

Beim Linken wird der Objectcode mit den Programmteilen aus den Bibliotheken verbunden und in einer Datei abgespeichert.

> ▪ *Diese Datei enthält das lauffähige Programm.*

1.3 Zeichensatz

So, wie bei einer gesprochenen Sprache festgelegt sein muß, aus welchen Lauten sie zusammengesetzt ist, müssen die Elemente einer Programmiersprache definiert werden. Diese Elemente werden aus Zeichen gebildet, die nach festgelegten Regeln kombiniert werden. Die Gesamtzahl aller dazu zur Verfügung stehenden Zeichen wird als der Zeichensatz einer Programmiersprache bezeichnet.

Dieser Zeichensatz muß genau beschrieben werden, z.B., ob lateinische oder griechische Buchstaben benutzt werden, ob Kleinbuchstaben unterschieden werden, welche Zeichen außer Buchstaben und Ziffern benutzt werden dürfen. Oft gibt es auch Einschränkungen für die Benutzung bestimmter Zeichen.

Wir definieren folgende Begriffe:

- **alphazeichen**   := alle Groß- und Kleinbuchstaben

- **ziffer**   := Ziffern von 0 bis 9

- **sonderzeichen** := alle anderen Zeichen

Wenn im folgenden die Begriffe **alphazeichen**, **ziffer**, **sonderzeichen** in dieser Schreibweise benutzt werden, kann damit jedes der in der Definition angegebenen Zeichen gemeint sein.

Für jede Programmiersprache gibt es eine genaue Festlegung, welche Zeichen zugelassen sind, und wie sie miteinander kombiniert werden dürfen. Man nennt diese Festlegung die Namenbildungsregeln.
Beispiel:

> In einer Programmiersprache sollen nur die Großbuchstaben A-Z sowie die Ziffern 0-9 verwendet werden können. Die Definition eines gültigen Zeichens für diese Sprache sieht dann so aus:

```
▌ zeichen :=  ┌─ alphazeichen ─┐
              │                │
              └─ ziffer ───────┘
```

> *Der Zeichensatz beschreibt alle in einer Programmiersprache nutzbaren Zeichen.*
>
> *Wie diese Zeichen kombiniert werden dürfen ist in den Namenbildungsregeln festgelegt.*

1.4 Namen

In Programmiersprachen gibt es, wie in jeder gesprochenen Sprache, Elemente die verschiedene Funktionen haben. Um diese Elemente unterscheiden zu können, werden sie mit Namen gekennzeichnet. Diese Namen werden aus den Zeichen des zur Verfügung stehenden Zeichensatzes nach den in den Namenbildungsregeln festgelegten Regeln gebildet.

Häufig gibt es Elemente, die fest mit der jeweiligen Programmiersprache verbunden sind. Die Namen dieser Elemente sind vom Compiler-Hersteller festgelegt worden. Daneben gibt es Elemente, deren Namen vom Programmierer vergeben werden. Für diese Namen gibt es oft weitere Einschränkungen. Diese Regeln sind notwendig, da andernfalls der Compiler diese Elemente mit anderen Objekten der Programmiersprache verwechseln könnte.

Namen dürfen in der Regel nur aus Alphazeichen und Ziffern gebildet werden; häufig wird auch festgelegt aus wievielen Zeichen ein Name maximal bestehen darf.

1. Einführung

Als Beispiel eine Wiederholung der Namenbildungsregel in MS-DOS. Folgende Zeichen dürfen zur Bildung eines MS-DOS-Namens benutzt werden:

$$\blacksquare \text{ zeichen} := \left\{ \begin{array}{l} \text{alphazeichen} \\ \text{ziffer} \\ \$ \ \& \ \# \ \% \ ' \ (\ ) \ - \ @ \ \char`\^ \ \{ \ \} \ ! \ \_ \end{array} \right\}$$

Diese Schreibweise bedeutet, daß, überall dort wo **zeichen** angegeben wird, eines der hinter der Klammer aufgeführten Zeichen stehen darf. Die Kleinschreibung von **alphazeichen** und **ziffer** bedeutet, daß dafür eines der als Alphazeichen bzw. Ziffer definierten Zeichen eingesetzt werden kann.

Definition der MS-DOS-Namen:

$$\blacksquare \text{ name} := \text{zeichen} \ [\ \text{zeichen} \ ]^7 \ . \ [\ \text{zeichen} \ ]^3$$

Hier werden die Möglichkeiten zu Bildung eines MS-DOS-Namens dargestellt. Für **zeichen** kann eines der für MS-DOS-Namen zugelassenen Zeichen eingesetzt werden. Angaben ohne Klammern müssen erfolgen, Angaben in eckigen Klammern dürfen, müssen aber nicht gemacht werden. Eine hochgestellte Ziffer hinter einer eckigen Klammer gibt an, wie oft diese Angabe wiederholt werden kann.

> *Namen kennzeichnen Objekte (Elemente) in einer Programmiersprache.*
>
> *Die Regeln, nach denen diese Namen gebildet werden sind in den Namenbildungsregeln festgelegt.*

1.5 Daten

Um mit einer Rechenanlage Daten sinnvoll bearbeiten zu können, müssen diese in einer geeigneten Weise gespeichert werden. Im Hauptspeicher des Rechners (RAM genannt) können Daten nur dann gespeichert werden, wenn sie mit einem symbolischen Namen versehen als Variable behandelt werden. Werden Daten in einer Rechenanlage auf

einem magnetischen Speichermedium (Diskette oder Festplatte) abgelegt, dann spricht man von einer Datei.
Die anfallenden Daten, ob jetzt als Variable im Hauptspeicher oder als Bestandteil einer Datei, können von verschiedener Art sein. Wir unterscheiden:

- *numerische Daten*

- *nicht numerische Daten*

Numerische Daten sind Werte (Zahlen), die in verschiedener Form auftreten können. Wir unterscheiden ganzzahlige Werte, das sind Werte ohne Nachkommastellen, und nicht ganzzahlige Werte, wir nennen sie Dezimalzahlen oder gebrochene Zahlen. Daneben gibt es die Möglichkeit, daß Daten nur zu dem Zweck benötigt werden, das Ergebnis von JA/NEIN-Entscheidungen (logischen Bedingungen) aufzunehmen.
Nicht numerische Daten sind einzelne Zeichen oder Zeichenfolgen, die auch Zeichenketten genannt werden.
Wenn Daten in einer Rechenanlage abgespeichert werden, müssen sie in eine Form umgewandelt werden, in der sie nur noch aus Folgen von 0 und 1 (Bits) bestehen. Ob diese Bitfolge dann als ganze Zahl, als Dezimalzahl, als Zeichen oder als Zeichenkette zu interpretieren ist, muß festgelegt werden.
Zu diesem Zweck gibt es die Typangabe. Dabei wird in den meisten Programmiersprachen durch ein Wortsymbol festgelegt, von welcher Art die zu speichernden Daten sind.

1. Einführung

Wir unterscheiden folgende Grundtypen:

> - *integer*   ganze Zahl
> - *real*   Dezimalzahl
> - *character*   Zeichen
> - *string*   Zeichenkette
> - *logical*   logischer Wert

Programmiersprachenabhängig stehen noch andere Typen zur Verfügung, diese werden aber meist aus den oben genannten Grundtypen gebildet.

> *Daten werden in einem Rechner als Folge von Nullen und Einsen (Dualdarstellung) gespeichert.*
>
> *Um zu bestimmen, wie diese Folge zu interpretieren ist wird den Daten ein Typ zugeordnet.*

1.6 Konstanten

Wenn Rechner Daten verarbeiten, geht das in der Regel nicht ohne festgelegte Werte, wie z.B. bei der Kreisberechnung. Hier wird die Kreiszahl PI = 3,1416 benötigt. Wenn solche Werte in einem Programm vorkommen, bezeichnet man sie als **Konstanten**. Man kann Konstanten auf zwei Arten in ein Programm einbinden:

> *Wir schreiben den Wert der Konstanten direkt an die Stelle im Programm, wo er benötigt wird. In diesem Fall sprechen wir von einer Konstante.*

> *Wir legen für die Konstanten einen symbolischen Namen fest und schreiben diesen an die entsprechende Stelle im Programm. Hier sprechen wir von einem Konstantennamen.*

Im ersten Fall kann der Wert bei der Programmausführung direkt benutzt werden. Im zweiten Fall, wenn wir einen Konstantennamen verwenden, müssen wir zu Programmbeginn den Typ dieser Konstante, also integer, real usw. festlegen, den Namen vereinbaren und der Konstanten den entsprechenden Wert zuweisen. Das geschieht in der Typvereinbarung in Verbindung mit einer Konstantenvereinbarung. Wie das in der jeweiligen Programmiersprache bewerkstelligt wird, ist in der Syntax der Programmiersprache festgelegt.

> *Konstantennamen werden zu Programmbeginn vereinbart und mit einem Wert belegt, den sie bis zum Programmende behalten.*
> *Konstanten stehen im Programm an den Stellen, an denen sie benutzt werden.*

1.7 Variablen

Variablen sind wichtiger Bestandteil von Programmen. Ohne Variablen kann kein Programm sinnvolle Berechnungen durchführen. Wenn ein Programm Werte z.B. von der Tastatur einlesen soll, müssen diese, bis man sie verarbeitet, gespeichert werden. Zu diesem Zweck benutzt man Variablen. Diese werden, ähnlich wie Konstanten am Programmanfang vereinbart. Man nennt dies die **Variablenvereinbarung**. Dabei wird festgelegt, von welchem Typ die auf dieser Variablen abzuspeichernden Werte sein dürfen. Außerdem wird ein symbolischer Name festgelegt, mit dem diese Variable im Programm angesprochen werden kann. Variablen kann, während das Programm abläuft, mit einer Eingabeanweisung ein Wert von der Tastatur zugewiesen werden; es können aber auch Ergebnisse von Berechnungen auf diese Variablen zugewiesen werden.

1. Einführung

Beispiel:

```
x <—— 1.3        x erhält den Wert 1.3

y <—— 2.0        y erhält den Wert 2.0

x <—— x + y      x erhält das Ergebnis der Berechnung
                 von x + y also 3.3 . Der zuvor ge
                 speicherte Wert 1.3 ist dabei über-
                 schrieben worden.
```

> *Variablen dienen zur Speicherung von Werten während des Programmablaufs.*
>
> *Sie müssen am Programmanfang mit Typ und Namen vereinbart werden.*

1.8 Dateien

Wenn ein Programm Daten dauerhaft speichern soll, ist es notwendig diese auf einem Speicher abzulegen, der auch dann die gespeicherten Informationen behält, wenn die Betriebsspannung des Rechners abgeschaltet wird. Diese dauerhaften Speicher sind Disketten oder Festplatten. Um Daten auf Diskette oder Festplatte zu speichern, müssen sie in einer bestimmten Form zusammengefaßt werden. Diese Zusammenfassung von Daten auf Diskette oder Festplatte nennt man **Datei**. Um verschiedene Dateien unterscheiden zu können, werden sie mit Namen gekennzeichnet.

Bevor man Daten in einer Datei speichert, werden zusammengehörende Daten, das wäre bei einer Adressdatei z.B.

Name, Vorname, Straße, Hausnummer, Plz, Wohnort,

zu einem **Datensatz** zusammengefaßt. Dieser Datensatz wird dann mit einer entsprechenden Anweisung auf die Datei übertragen.

Das Ende einer Datei wird mit dem Dateiendesatz gekennzeichnet, dieser enthält das Zeichen ^Z (gesprochen wird das als **Control Z**). Dieses Zeichen wird durch eine dafür vorgesehene Anweisung in die Datei geschrieben.

1. Einführung

Will man auf die gespeicherten Daten später wieder zugreifen, so müssen diese satzweise aus der Datei gelesen werden. Der Datensatz ist häufig die kleinste Einheit, auf die durch ein Programm zugegriffen werden kann.

Es gibt verschiedene Möglichkeiten, Datensätze auf Dateien zu übertragen. Wir unterscheiden anhand der Zugriffsart folgende Dateiformen:

> ■ *Sequentielle Dateien*

> ■ *Dateien mit direktem Zugriff*

> *Dateien sind mit einem Namen versehene Ansammlungen von Daten auf Diskette oder Festplatte. Diese Daten werden satzweise auf die Datei geschrieben. Das Dateiende wird durch das Zeichen ^Z gekennzeichnet.*

1.8.1 Sequentielle Dateien

Als sequentielle Dateien werden solche Dateien bezeichnet, bei denen die Sätze in der Reihenfolge übertragen werden, wie sie dann auch in der Datei stehen. Das bedeutet, nach Satz 1 wird Satz 2 geschrieben usw. . Das könnte bei unserem Beispiel mit der Adressdatei so aussehen:

```
ADRESS.DAT

Satz 1 Müller,Klaus,Nordstr.,17,4630,Bochum
Satz 2 Schneider,Walter,Westweg,3,4300,Essen
Satz 3 Meier  ,Jörg,Huestr.,34,5600,Wuppertal
   .
   .
   .
   .
Endesatz ^Z
```

Wird von der Datei gelesen, so wird zuerst Satz 1 gelesen, dann Satz 2 usw. bis der Dateiendesatz ^Z erreicht ist. Sequentielle Dateien können, wenn sie einmal geschrieben wurden, nicht mehr geändert werden. Sollen Daten in sequentiellen Dateien verändert werden, muß die gesamte Datei neu geschrieben werden.

1.8.2 Dateien mit direktem Zugriff

Bei Dateien mit direktem Zugriff wird bei jedem Datensatz auch die Position (Satznummer genannt) des Satzes in der Datei angegeben. Man hat so die Möglichkeit, die Datensätze in beliebiger Reihenfolge auf die Datei zu übertragen.
Bevor eine Direktdatei beschrieben werden kann, muß sie initialisiert werden. Das bedeutet, die maximale Anzahl von Sätzen wird festgelegt, und alle Sätze werden mit einem bestimmten Zeichen (meist mit Leerzeichen) beschrieben. Das ist notwendig, da sonst irgendwelche Zeichen in dieser Datei stehen, und ein Programm nicht prüfen könnte, ob ein bestimmter Satz schon beschrieben wurde. Sollen Daten in einer Direktdatei geändert werden, wird einfach der neue Datensatz mit Angabe der Satznummer auf die Datei geschrieben. Der Inhalt einer Direktdatei könnte so ausehen:

```
ADRESS.DAT
    .
Satz   2 Schneider,Walter,Westweg,3,4300,Essen
    .
    .
Satz   6 Meier,Jörg,Huestr.,34,5600,Wuppertal
    .
    .
Satz  10 Müller,Klaus,Nordstr.,17,4630,Bochum
    .
    .
Endesatz ^Z
```

Wie Sie sehen gibt es hier zwischen den schon beschriebenen Sätzen 2, 6 und 10 leere Sätze. Diese Sätze können bei Bedarf ebenfalls beschrieben werden. Üblicherweise prüft ein Programm, bevor es einen Satz in eine Direktdatei schreibt, ob dieser Satz schon beschrieben ist, um bei Fehlern des Anwenders Datenverluste zu vermeiden. In diesem Beispiel würde zu diesem Zweck geprüft, ob ein Satz nur aus Leerzeichen besteht. Wenn ja, dann ist dieser Satz frei und kann ohne Gefahr beschrieben werden.

1.9 Programmeinheiten

Ein Programm besteht aus Programmeinheiten. Im einfachsten Fall nur aus einem Hauptprogramm. Nach den Regeln der strukturierten Programmierung hat jede Programmeinheit einen Eintrittspunkt- das ist der Programmanfang- und einen Austrittspunkt- das ist das Ende dieser Programmeinheit. Zwischen Anfang und Ende stehen die Anweisungen der Programmeinheit.
Gibt es mehrere Programmeinheiten, so ist eine davon das Hauptprogramm; alle anderen Einheiten bezeichnet man als Unterprogrammeinheiten.
Die Aufteilung eines Programms in mehrere Programmeinheiten ermöglicht einen übersichtlichen Aufbau von Programmen, ist aber auch eine Erleichterung für den Programmierer, der mehrfach wiederkehrende Programmteile als Unterprogramm vereinbaren kann. Diese Unterprogramme können durch entsprechende Aufrufanweisungen, überall wo sie benötigt werden, eingebunden werden.
Jeder Programmeinheit ist vom Programmierer ein Name zuzuordnen (Programmname, Unterprogrammname). Dieser Name muß eindeutig sein, das heißt kein anderes Element in einem Programm darf den gleichen Namen besitzen. Mit diesem Namen wird im Programm auf die jeweilige Programmeinheit Bezug genommen.

Programme setzen sich aus Programmeinheiten zusammen.

Programmeinheiten, die von anderen Programmeinheiten aufgerufen werden können, nennt man Unterprogrammeinheiten.

Jede Programmeinheit besitzt einen Namen, mit dem sie angesprochen werden kann.

1.10 Kurzfragen zu Kapitel 1

1) Was ist ein Programm?
2) Wie entsteht ein lauffähiges Programm?
3) Was versteht man unter dem Quelltext?
4) Wie entsteht der Objectcode?
5) Was geschieht beim Linken?
6) Was versteht man unter den Namenbildungsregeln?
7) Welche Arten von Zeichen unterscheidet man?
8) Welche Bedeutung hat der Zeichensatz in einer Programmiersprache?
9) Welchem Zweck dienen Namen in einer Programmiersprache?
10) Was versteht man unter Daten?
11) Wie werden Daten in einem Rechner gespeichert? Welche Rolle spielt dabei die Typangabe?
12) Warum werden verschiedene Typen benutzt?
13) Welche Grundtypen gibt es?
14) Wozu benutzt man Variablen bzw. Konstanten?
15) Was ist der Unterschied zwischen einer Konstanten und einem Konstantennamen?
16) Was versteht man unter Dateien?
17) Wozu dienen Dateien? Welche Dateiformen gibt es?
18) Was ist der Unterschied zwischen direktem und sequentiellem Zugriff auf eine Datei?
19) Welches Zeichen wird als Dateiendezeichen verwendet?
20) Warum müssen Direktdateien vor der ersten Benutzung initialisiert werden? Was geschieht bei der Initialisierung?
21) Was versteht man unter Programmeinheiten? Wozu dienen sie?

2. ELEMENTE VON FORTRAN

In diesem Kapitel werden - compilerunabhängig- die wesentlichen Sprachelemente von FORTRAN dargestellt. Wer FORTRAN bereits kennengelernt hat, sollte versuchen die Kurzfragen am Ende dieses Kapitels zu beantworten und dann mit Kapitel 3 fortfahren. Kennen Sie FORTRAN noch nicht, dann sollten Sie dieses Kapitel sorgfältig durcharbeiten und dann die Kurzfragen beantworten.

2.1 Zeichensatz

Der FORTRAN-Zeichensatz folgendermaßen definiert:

- `alphazeichen     :=    A - Z`
  FORTRAN unterscheidet, außer in Zeichenketten, nicht zwischen Groß- oder Kleinschreibung

- `ziffer           :=    0 - 9`

- `sonderzeichen    :=    = + - * / ( ) , . $ ' :`
  Das Zeichen $ wird Dollar oder Währungszeichen genannt.

- `füllzeichen      :=    _`

Dieses Füllzeichen (auch Blank oder Leerzeichen genannt) wird im folgenden durch das _ Zeichen dargestellt um zu zeigen, daß die entsprechende Stelle frei bleibt. Das Füllzeichen kann in FORTRAN-Quelltexte beliebig eingestreut werden, ohne etwa die Bedeutung zu ändern. Eine Ausnahme hiervon bildet nur die Verwendung von Füllzeichen in Zeichenketten; hier sind sie von Bedeutung.

2. Elemente von FORTRAN

Neben den hier beschriebenen Zeichen können weitere auf den verwendeten Ein- und Ausgabemedien (Tastatur, Bildschirm, Drucker) darstellbare Zeichen in <u>Zeichenketten</u> benutzt werden.

2.2 Namen

In FORTRAN verwendete Namen sind wie folgt definiert:

■ **name := alphazeichen** $\left\{ \begin{array}{c} \text{[alphazeichen]}5 \\ \text{[ziffer]}5 \end{array} \right\}$

Das heißt: Jeder Name beginnt mit einem Alphazeichen, ist maximal 6 Zeichen lang und enthält nur Alphazeichen oder Ziffern.

Je nach verwendetem Compiler sind auch längere Namen möglich.

Beispiel für Namen in FORTRAN:

```
gültige Namen :    AGATHE , X , K3R , FTN77


falsche Namen :    FORTRAN  (zu lang)

                   8ung     (1. Zeichen kein Alpha-
                             zeichen)

                   straße   (enthält ein Sondezeichen)
```

Namen müssen eindeutig sein, d.h. jeder Name darf in einer Programmeinheit nur ein Objekt, z.B. Variable, Konstante oder Programmeinheit bezeichnen.

2.3 Daten

Um Daten in einer Rechenanlage speichern zu können, gibt es zwei Möglichkeiten:

2. Elemente von FORTRAN

> ■ *Speicherung im Hauptspeicher des Rechners (RAM)*

> ■ *Speicherung auf einem magnetischen Speicher (Diskette oder Festplatte)*

Um Daten im Hauptspeicher ablegen zu können, benötigen wir mit einem Typ sowie mit einem Namen versehene Variablen, die für das Programm den Bezug zu den Speicherzellen im Hauptspeicher herstellen. Diese Variablen nehmen auf jeweils eine bestimmte Speicherstelle Bezug (die Anzahl der Speicherelemente an dieser Stelle ist typabhängig). Daneben gibt es strukturierte Variablen (Felder oder englisch auch Arrays genannt), bei denen, durch Angabe des Namens sowie einer Zahl (Index genannt), Bezug auf mehrere Speicherstellen genommen werden kann.

Wollen wir Daten auf einem externen Speicher, also auf Diskette, Festplatte oder -heute weniger gebräuchlich- auf einem Bandlaufwerk abspeichern, so müssen wir eine Datei anlegen.

2.3.1 Typen

Der Typ einer Größe wird in FORTRAN durch die Typvereinbarung festgelegt. Dabei wird vereinbart, in welcher Form die Daten abgespeichert werden sollen, und wieviel Speicherplatz jede Größe belegen kann.

Definition der Typvereinbarung:

■ **tv :=   typ name [, name]...**

FORTRAN verfügt über folgende Datentypen:

2. Elemente von FORTRAN

> - *integer*
> - *real*
> - *double precision*
> - *complex*
> - *logical*
> - *character*

Dabei werden zur Darstellung des Integer-Datentyps 4 Byte benutzt.

Der Real-Datentyp wird ebenfalls mit 4 Byte dargestellt, der Datentyp Double Precision ist mit 8 Byte der doppelt genaue Real-Datentyp. Doppelt genaue Datentypen werden benutzt, wenn eine Berechnung mit hoher Genauigkeit durchgeführt werden muß. Berechnungen mit dem Datentyp Double Precision dauern länger als mit dem Datentyp Real.

Der Datentyp Complex dient zur Darstellung von komplexen Zahlen. Dabei werden je 4 Byte für Real bzw. Imaginär-Teil verwendet.

Der Datentyp Logical wird aus Kompatibilitätsgründen (Speicheraufteilung) mit 4 Byte dargestellt, obwohl logische Werte nur "wahr" bzw. "falsch" sein können. Zu diesem Zweck würde 1 Bit vollkommen ausreichen.

Zum Speichern von Zeichenketten wird der Datentyp Character verwendet. Hier wird für jedes abzuspeichernde Zeichen 1 Byte verwendet.
Bei der Vereinbarung einer Character-Variablen muß die Anzahl der maximal zu speichernden Zeichen angegeben werden.

Die Typangabe wird folgendermaßen definiert:

$$\blacksquare \text{ typ} \; := \; \left\{ \begin{array}{l} \text{INTEGER} \\ \text{REAL} \\ \text{DOUBLE PRECISION} \\ \text{COMPLEX} \\ \text{LOGICAL} \\ \text{CHARACTER} \end{array} \right\}$$

Das bedeutet, daß für **typ** eine der in Großbuchstaben geschriebenen Angaben stehen muß.

Die mit **name** angegeben Namen erhalten durch diese Anweisung den entsprechenden Typ. Dieser Typ ist im Programm nicht mehr veränderbar.

Die Typvereinbarung ist eine nicht ausführbare Anweisung, d.h. durch sie wird keine Aktion des Computers veranlaßt; sie hat nur definierende Wirkung. Sie muß im Programm vor allen ausführbaren Anweisungen stehen.

> *Die Typvereinbarung bewirkt, das für einen Namen, in Abhängigkeit des ihm zugeordneten Typs, ein bestimmter Teil des Hauptspeichers reserviert wird.*
>
> *In diesem Speicherbereich werden die diesem Namen zugewiesenen Werte abgelegt.*

Nach den Regeln der strukturierten Programmierung muß jeder Name am Programmanfang definiert werden. FORTRAN läßt jedoch (leider...) auch eine andere Form der Vereinbarung zu, man nennt sie die implizite Typvereinbarung.:

> *Wird nicht zu Programmbeginn eine explizite Typvereinbarung durchgeführt, so wird der Typ nach dem Anfangsbuchstaben des Namens festgelegt.*

> *Beginnt ein Name mit einem der Buchstaben I, J, K, L, M oder N, so ist er vom Typ INTEGER, sonst vom Typ REAL.*

2.3.2 Konstanten

Eine Konstante ist wie folgt definiert:

▎`konstantenname := name`

Konstanten können in zwei Formen auftreten: entweder wird der Wert der Konstante direkt oder aber der Name für die Konstante geschrieben. Steht nur der Wert, so wollen wir von einer Konstante, sonst von einem Konstantennamen sprechen.
Wollen wir einen Konstantennamen verwenden, so müssen wir ihn als solchen vereinbaren; dies geschieht durch die Parameter-Anweisung.
Die Parameter-Anweisung ist eine nicht ausführbare Anweisung. Sie muß vor allen ausführbaren Anweisungen stehen.
Da Konstanten jeweils über einen Typ verfügen, müssen wir zuvor den Konstantennamen in der Typvereinbarung mit einem entsprechenden Typ belegen.
Zur Vereinfachung der weiteren Definitionen wird die folgende Vereinbarung getroffen:

$$\text{\textbf{arithmetische konst}} := \left[\begin{array}{l} \text{integer konst} \\ \text{real konst} \\ \text{double precision konst} \\ \text{complex konst} \end{array} \right]$$

Wenn der Begriff **arithmetische konst** benutzt wird, kann damit jeder der in der Klammer angegebenen Konstanten-Typen gemeint sein.
Die Parameter-Anweisung ist folgendermaßen definiert:

▎`panw:=PARAMETER(name=ausdruck[,name=ausdruck])`

Dabei ist **ausdruck** für arithmetische Konstanten ein arithmetischer Ausdruck, der nur Konstanten als Operanden enthält, für logische Konstanten ein entsprechender logischer Ausdruck. Das gilt analog auch für Character-Konstanten.
Im einfachsten Fall besteht **ausdruck** aus einer Konstante ggf. mit einem Vorzeichen:

Beispiel:

```
PARAMETER ( PI = 3.1415, I =-17)
```

PI erhält den Wert 3.1415, I erhält den Wert -17 .

2.3.2.1 INTEGER

Definition der Integer-Konstanten:

■ **integer-konst := ziffer [ziffer]...**

Das bedeutet, eine Konstante vom Typ Integer besteht aus einer Folge von Ziffern. Hier ist zu beachten, daß abhängig von der Größe des verwendeten Speicherplatzes nicht unbegrenzt viele Ziffern angegeben werden können. Genaue Angaben hierzu in der MS-FORTRAN-Einführung.

Beispiel:

```
47134 oder 0 oder 815
```

2.3.2.2 REAL

Definition der Real-Konstanten:

$$\text{■ real konst} := \begin{bmatrix} \text{[ziffern].ziffern} \\ \text{[ziffern].E[±]ziffern} \end{bmatrix}$$

Auch hier ist wichtig, daß die Summe von **ziffern** vor und hinter dem Dezimalpunkt die für diesen Datentyp maximale Anzahl von Stellen nicht übersteigt. Bei der Exponentialdarstellung ist die maximale Anzahl von **ziffern** für den Exponenten gleich 2.
Wenn der ganzzahlige Teil der Realzahl 0 ist kann die Angabe von [**ziffern**] auch entfallen.
Wichtig ist, daß der Dezimalpunkt immer mit angegeben wird. Ohne Dezimalpunkt würde FORTRAN diese Werte unter Umständen als Integerwerte betrachten.

Für die Darstellung im wissenschaftlichen Format wird ein E geschrieben. In dem hier gezeigten Zusammenhang steht E für Exponent, d.h. die Zahl vor dem E wird mit 10 hoch der auf das E folgenden Zahl multipliziert.

Beispiel:

```
3.234 oder 1.3 E -3 oder 1. E 2
```

```
1.1E-7 entspricht in mathematischer Schreibweise
```

$1,1*10^{-7}$ oder $0,00000011$.

2.3.2.3 DOUBLEPRECISION

Definition der Double Precision-Konstanten:

■ **double precision konst:=** $\left[\begin{array}{c} \texttt{[ziffern].ziffern} \\ \texttt{[ziffern].D[±]ziffern} \end{array} \right]$

Es gelten analog die Regeln für die Real-Konstanten mit 2 Ausnahmen:

- Statt E steht D für den Exponenten.
- Der Exponent darf maximal 3 Ziffern lang sein.

Beispiel:

```
1123.3456782 oder 2.3 D 4 oder 9.122 D 124
```

2.3.2.4 COMPLEX

Auf die mathematische Bedeutung der komplexen Zahlen kann an dieser Stelle nicht eingegangen werden. Der interessierte Leser kann sich in einem mathematischen Lehrbuch mit der Verwendung komplexer Zahlen vertraut machen.

Definition der Complex-Konstanten:

▪ **`complex konst := real konst , real konst`**

Beispiel:

    (1.2,-1E-7)   entspricht 1.2r -1E-7i

    (-7.5,0.3)   -7.5r 0.3i

    (+7.3E2,+1E+2)   7.3E2r E2i

2.3.2.5 LOGICAL

Definition für die logische Konstante:

▪ **`logische konst := `** $\left\{ \begin{array}{c} \text{.TRUE.} \\ \text{.FALSE.} \end{array} \right\}$

Logische Konstanten können nur die logischen Werte "wahr" bzw. "falsch" annehmen.

2.3.2.6 CHARACTER

Definition der Character-Konstanten:

▪ **`character konst := '[zeichen][zeichen]`**[126]**`'`**

Character-Konstanten sind immer in Apostrophzeichen einzuschließen. Eine Character-Konstante kann bis zu 127 Zeichen aufnehmen.
Beispiel:

    'textkonstante' ist eine Character-Konstante, die

    die Zeichenfolge TEXTKONSTANTE beinhaltet.

Das Apostrophzeichen kennzeichnet den Anfang bzw. das Ende der Character-Konstanten; es ist nicht Bestandteil der Konstanten selbst.

2.3.3 Variablen

Ein Variablenname ist folgendermaßen definiert:

> ▎ `varname := name`

Ist ein Name nicht anders definiert worden (z.B. als Konstante) oder bereits für andere Zwecke vergeben worden, so bezeichnet er eine Variable. Beim ersten Auftreten im Programm wird der Variablen ein fester Speicherplatz zugeordnet. Nach den Regeln der strukturierten Programmierung hat das am Programmanfang, vor allen ausführbaren Anweisungen, in der Typ-Vereinbarung zu geschehen. FORTRAN läßt hier jedoch auch wieder Ausnahmen zu.
Wollen wir einen Variablennamen verwenden, so müssen wir ihn als solchen vereinbaren; dies geschieht durch die Typ-Anweisung.

Definition der Typ-Anweisung:

> ▎ `typ-anw := typ name [, name]...`

Für `typ` kann einer der schon bekannten FORTRAN-Datentypen stehen. Die Typ-Anweisung ist eine nicht ausführbare Anweisung. Sie muß vor allen ausführbaren Anweisungen stehen.
Variablen erhalten ihre Werte durch Zuweisung. Das kann als Ergebnis einer Rechenoperation oder durch andere Anweisungen, z.B. Einlesen von der Tastatur, erfolgen. Bevor eine Variable in eine Berechnung eingesetzt werden darf, muß ihr auf irgend eine Art und Weise ein Wert zugewiesen worden sein.

Beispiel:

```
x = 5           x erhält den Wert 5

y = 3           y erhält den Wert 3

z = x + y       z erhält das Ergebnis der Rechen-
                operation, also 5 + 3 = 8
```

2.3.4 Felder

Felder werden mit Namen bezeichnet. Ein Name wird dadurch als Feldname vereinbart, daß er zusammen mit einer Feldvereinbarung vorkommt; zuvor muß er jedoch in der Typ-Vereinbarung mit einem Typ belegt werden. Zur Vereinbarung von Feldern dient in FORTRAN die DIMENSION-Anweisung. Die Dimension-Anweisung ist eine nicht ausführbare Anweisung und muß vor allen ausführbaren Anweisungen stehen.
Die Definition der Feldvereinbarung:

- DIMENSION **fname(dim)** [,**fname(dim)**...]

  - **fname** ist ein gültiger FORTRAN-Name
  - **dim** ist eine Folge von ganzen Zahlen die alle größer 0 sein müssen.

Dabei entspricht die Anzahl der Zahlen in **dim** genau der Anzahl der Dimensionen des Feldes. Der Wert der jeweiligen Zahl gibt an, wieviele Elemente die jeweilige Dimension hat.

Beispiel für ein eindimensionales Integer-Feld mit 8 Elementen:

- Wir vereinbaren **test** als Namen vom Typ Integer:
  INTEGER **test**
- Jetzt vereinbaren wir, das **test** für ein Feld vom Typ INTEGER stehen soll:
  DIMENSION **test**(8)

2. Elemente von FORTRAN

■ Man kann sich das Feld mit dem Namen **test** etwa so vorstellen:

```
Name: test   ┌──┬──┬──┬──┬──┬──┬──┬──┐
             │  │  │  │  │  │  │  │  │
             └──┴──┴──┴──┴──┴──┴──┴──┘
Elemente:     1  2  3  4  5  6  7  8
```

Mit dem Namen **test** und der Angabe einer Zahl zwischen 1 und 8 kann jetzt auf ein beliebiges Element dieses Feldes (Feldelement) zugegriffen werden.
Ein Feldelement wird durch den Feldnamen, gefolgt von einer Indexangabe, angesprochen. Ein Feldelement wird so definiert:

■ `felement := fname(index)`

index muß jetzt noch definiert werden:

■ `index := indexausdruck [,indexausdruck...]`

indexausdruck ist ein arithmetischer Ausdruck vom Typ INTEGER. Die Anzahl der Indexausdrücke muß gleich der Anzahl von Dimensionsangaben in der Feldvereinbarung sein. Der Wert der Indexausdrücke darf 1 nicht unterschreiten und die zugehörige obere Dimensionsgrenze nicht überschreiten.
Die Feldelemente sind linear (das bedeutet aufeinander folgend) geordnet. Bei mehrdimensionalen Feldern erhält man die Reihenfolge der Feldelemente, indem man jeweils den n-ten Index schneller laufen läßt als den n+1-ten Index (n > 1); die maximal mögliche obere Dimensionsgrenze ist von der verwendeten Rechenanlage sowie dem verwendeten Compiler abhängig. Gleiches gilt für die maximale Anzahl von Dimensionsangaben.

Beispiel für die Reihenfolge der Feldelemente:

- Für ein eindimensionales Feld:

```
DIMENSION A(5)

Die Reihenfoge der Feldelemente ist:
A(1) A(2) A(3) A(4) A(5)
```
- Für ein zweidimensionales Feld:

```
DIMENSION B(2,3)

Die Reihenfoge der Feldelemente ist
B(1,1) B(2,1) B(1,2) B(2,2) B(1,3) B(2,3)
```

Diese Reihenfolge ist wichtig, falls nicht einzelne Feldelemente angesprochen werden, sondern das ganze Feld. Der Feldaufruf über den Feldnamen kann nur bei den Ein/Ausgabe-Anweisungen erfolgen.

2.3.5 Vorbelegung von Speicherplätzen

Alle Größen, mit denen wir rechnen wollen (oder vergleichen, drucken, ...), müssen einen Wert besitzen. Konstanten erhalten bei Programmbeginn einen Wert, der bis zum Programmende unverändert bleibt. Variablen und Feldelemente sind dagegen bei Programmbeginn undefiniert; sie enthalten zufällige Zeichen. Wollte man mit ihnen rechnen, so erhielte man Fehler.

Häufig ist es wünschenswert, diese Größen mit bestimmten Werten zu initialisieren (vorbelegen), z.B. mit Null, um auf diese Größen aufsummieren zu können. Dies kann natürlich mit einer Wertzuweisung geschehen, ggf. in Verbindung mit Schleifen (bei Feldern). Hierfür wird dann jedoch eine gewisse Rechenzeit benötigt (kostet normalerweise Geld!).

Beispiel:

```
x = 4        Die Variable erhält den Wert 4
```

Es kann aber auch dafür gesorgt werden, daß bereits mit Beginn des Programms Variablen und Feldelemente definierte Werte haben (ohne Zeitverlust, d.h. ohne zusätzliche Kosten).

Dies geschieht mittels der DATA-Anweisung. Findet der Compiler eine DATA-Anweisung im Vereinbarungsteil eines FORTRAN-Programmes, so werden den dort aufgeführten Variablen die in der DATA-Anweisung angegebenen Werte bereits während der Compilierung zugewiesen.

Beispiel:

DATA zahl/0.0/,i/0/

Vorsicht bei DATA-Anweisungen in Unterprogrammen! Da die Vorbelegung der Variablen während der Compilierung erfolgt, haben die mittels DATA-Anweisung vorbelegten Variablen in Unterprogrammen nur beim ersten Aufruf des Unterprogrammes die festgelegten Werte. Bei jedem weiteren Aufruf dieses Unterprogramms haben diese Variablen Werte, die sich durch die zuvor in dem Unterprogramm durchgeführten Berechnungen ergeben haben.

Hier ist also in den meisten Fällen eine Vorbelegung nur mittels der Zuweisung mit = möglich.

2.4 Dateien in FORTRAN

Um Dateien benutzen zu können ist es notwendig sie mit der OPEN-Anweisung zu öffnen. Durch die OPEN-Anweisung wird der Dabei ein Name gegeben, der sie auf der DOS-Ebene kennzeichnet, sowie eine Dateinummer festgelegt, mit der das Programm auf diese Datei Bezug nimmt. Nachdem eine Datei eröffnet wurde, kann auf sie mit bestimmten Anweisungen zugegriffen werden. Ist die Bearbeitung einer Datei beendet wird sie mit der CLOSE-Anweisung geschlossen. Dabei wird die Verbindung von Dateinamen und Dateinummer gelöst. FORTRAN kennt folgende Anweisungen zur Bearbeitung von Dateien:

> - *OPEN-Anweisung zum Öffnen von Dateien*
> - *WRITE-Anweisung zum Schreiben auf Dateien*
> - *READ-Anweisung zum Lesen von Dateien*
> - *REWIND-Anweisung zum Zurücksetzen von Dateien auf den 1. Satz*
> - *BACKSPACE-Anweisung zum satzweisen Zurücksetzen von Dateien*
> - *ENDFILE-Anweisung zum Schreiben des Dateiendesatzes*
> - *CLOSE-Anweisung zum Schließen von Dateien*

FORTRAN unterscheidet Dateien nach der Art des Zugriffs. Es gibt sequentielle Dateien sowie Dateien mit direktem Zugriff. Welche Form benutzt werden soll, wird in der OPEN-Anweisung festgelegt. Unabhängig von der Art des Zugriffs können Sie Dateien weitere Eigenschaften geben. Diese Eigenschaften werden ebenfalls in der OPEN-Anweisung festgelegt (Siehe OPEN-Anweisung Kapitel 4).

Zeichenketten können in FORTRAN nur formatiert in einer Datei gespeichert werden.

> *Dreischritt-Bearbeitung von Dateien:*
>
> - *öffnen*
> - *bearbeiten*
> - *schließen*

2.5 Anweisungen

Anweisungen haben eine ganze Reihe von Aufgaben, z.B. Berechnungen durchführen, Ergebnisse speichern, den Programmfluß steuern, Dateizugriffe durchführen und Informationen für den Compiler bereithalten.

2.5.1 Aufbau von FORTRAN-Anweisungen

Eine FORTRAN-Anweisung besteht aus einer FORTRAN-Befehlszeile, gefolgt von Fortsetzungszeilen. Eine Anweisung kann in Spalte 7 bis 72 der FORTRAN-Befehlszeile sowie in den Spalten 7 bis 72 der Fortsetzungszeilen stehen. Die Anzahl der Fortsetzungszeilen ist compilerabhängig. Die End-Anweisung muß in Spalte 7 bis 72 einer FORTRAN-Befehlszeile geschrieben werden.

2.5.2 Reihenfolge der Anweisungen im Programm

FORTRAN erfordert eine bestimmte Reihenfolge bei der Anordnung von Anweisungen, besitzt jedoch auch eine gewisse Toleranz bei Verstößen gegen diese Regeln. Wir wollen uns hier an die nachfolgend aufgeführte Reihenfolge halten:

Nicht ausführbare Anweisungen

- Kennzeichnung der Programmeinheit
- Spezifikations-Anweisungen
- Konstanten-Anweisungen
- Feld-Anweisungen
- Vorbelegungs-Anweisungen
- Formatierungs-Anweisungen

Ausführbare Anweisungen

- Dateiöffnungs-Anweisungen
- alle anderen Programm-Anweisungen
- Dateischließungs-Anweisungen
- Programmende-Anweisung

Kommentar-Anweisungen dürfen an jeder Stelle eines FORTRAN-Quelltextes vorkommen, nicht jedoch vor Fortsetzungszeilen.
Formatierungs-Anweisungen dürfen ebenfalls an jeder Stelle eines FORTRAN-Quelltextes vorkommen. Um jedoch den Quelltext übersichtlich zu gestalten, wird vereinbart, Formatierungs-Anweisungen vor den ausführbaren Anweisungen zu schreiben.
Dateiöffnungs- sowie Dateischließungs-Anweisungen dürfen im Bereich der ausführbaren Anweisungen an jeder beliebigen Stelle vorkommen. Auch hier wird jedoch -wegen

besserer Lesbarkeit des Quelltextes- vereinbart, diese Anweisungen vor bzw. nach den anderen ausführbaren Anweisungen zu schreiben.

2.5.3 Einteilung der Anweisungen

Jede FORTRAN-Anweisung ist entweder ausführbar oder nicht ausführbar. Eine ausführbare Anweisung bedingt eine Aktion des Computers. Nicht ausführbare Anweisungen bedingen nicht direkt Aktionen des Computers. Sie spezifizieren, beschreiben, oder klassifizieren Elemente des Programms, z.B. Formate, Daten oder Programmeinheiten. Während die nicht ausführbaren Anweisungen also im wesentlichen zur Beschreibung der zu verarbeitenden Objekte dienen, geben die ausführbaren Anweisungen die während der Programmausführung stattfindenden Aktionen an.
Nicht ausführbare Anweisungen dürfen nicht als Ziel von absoluten Sprüngen mittels GOTO benutzt werden.

2.5.3.1 Nicht ausführbare Anweisungen

Kennzeichnung der Programmeinheit

 Hauptprogramm:
  PROGRAMM **name**
 FUNCTION-Unterprogramm:
  [**typ**] FUNCTION **name** ([**fp**[,**fp**] ..])
 SUBROUTINE-Unterprogramm:
  SUBROUTINE **name** ([**fp**[,**fp**] ..])]

 Anmerkung: **fp** steht für formaler Parameter

Spezifikations-Anweisungen

 Explizite Typ-Anweisungen:
  INTEGER **name** [,**name**]...
  REAL **name** [,**name**]...
  DOUBLE PRECISION **name** [,**name**]...
  COMPLEX **name** [,**name**]...
  LOGICAL **name** [,**name**]...
  CHARACTER [***länge**] **name** [,**name**[***länge**]]...

2. Elemente von FORTRAN

Implizite Typ-Anweisung
  IMPLICIT **typ** (**zeichen1-zeichen2**)
  oder
  IMPLICIT **typ** (**name**[,**name**]...)

Feld-Anweisung
  DIMENSION **fname** (**dim**) [,**fname**(**dim**)]

Konstanten-Anweisung
  PARAMETER (**name** = **const** [,**name** = **const**]...)

Vorbelegungs-Anweisung
  DATA **name/const/** [,**name/const/**]...

Formatierungs-Anweisung
  anwnr FORMAT (**fliste**)

  Anmerkung: **flist**e steht für Formatliste
     const steht für Konstante
     dim steht für Dimensionsangabe

2.5.3.2 Ausführbare Anweisungen

<u>Wertzuweisungen</u>

 Arithmetische Wertzuweisung:
  var = arithmetische-var

 Logische Wertzuweisung:
  var = logische-var

 Zeichenketten-Wertzuweisung:
  var = character-var

 Anmerkung: **var** steht für Variable

Steuer-Anweisungen

    Sprung-Anweisungen:
        Unbedingte GOTO-Anweisung: **GOTO n**
        Arithmetische If-Anweisung: IF (**aa**) n1, n2, n3

    Verzweigungs-Anweisungen:
        Logische If-Anweisung: IF (**la**) n
        Block If-Anweisung: IF (**la**) THEN
        ELSE If-Anweisung: ELSE IF (**la**) THEN
        ELSE-Anweisung: ELSE
        END If-Anweisung: END IF

    Anmerkung: **n** steht für Anweisungsnummer.
        aa steht für arithmetischer Ausdruck.
        la steht für logischer Ausdruck.

    Schleifen-Anweisung:
        Zählschleife: DO **n,anfang,ende,schritt**

    Unterprogramm-Anweisung:
        Aufruf-Anweisung: CALL **name** [([**ap**[,**ap**]..])]
        Rücksprung-Anweisung: RETURN
        Anmerkung: **ap** steht für aktueller Parameter

    Andere Steuer-Anweisungen:
        Leer-Anweisung: CONTINE
        Stop-Anweisung: STOP
        Pause-Anweisung: PAUSE
        Ende-Anweisung: END

2. Elemente von FORTRAN

Ein- und Ausgabe-Anweisungen

    Lese-Anweisung: READ (**fliste**) [,**ealiste**]
    Schreib-Anweisung: WRITE (**fliste**) [,**ealiste**]
    Anmerkung: **ealiste** steht für Eingabe/Ausgabeliste
                   fliste steht für Formatliste

Dateibearbeitungs-Anweisungen

    Dateieröffnungs-Anweisung: OPEN(**openliste**)
    Dateiabschluß-Anweisung: CLOSE(**closeliste**)
    Rücksetz-Anweisung: BACKSPACE(**einheit**)
    Rückspul-Anweisung: REWIND(**einheit**)
    Dateiendesatz-Anweisung: ENDFILE(**einheit**)

2.6 Anweisungsnummern

Eine besondere Art von Grundelementen sind die Anweisungsnummern. Sie dienen dazu, Bezüge zwischen Anweisungen herzustellen, zB. bei Ein/Ausgabe-Anweisungen zu der dazugehörenden Formatierungsanweisung.
Definition der Anweisungsnummern:

■ **anwnr := ziffer [ziffer]** [4]

Dabei muß mindestens eine Ziffer ungleich 0 sein. Führende Nullen sind ohne Bedeutung.
Soll eine Anweisung durch eine Anweisungsnummer gekennzeichnet werden, so muß diese im Bereich der Spalten 1 bis 5 einer FORTRAN-Befehlszeile stehen. Dabei gilt, daß zwei Anweisungen nicht dieselbe Anweisungsnummer besitzen dürfen. Die Reihenfolge der Anweisungsnummern in einem Programm ist beliebig, sie brauchen auch nicht lückenlos zu sein. Fortsetzungszeilen dürfen nicht mit Anweisungsnummern versehen werden, ansonsten darf jede Anweisung eine Anweisungsnummer besitzen.
Die Verwendung der Anweisungsnummern wird bei den entsprechenden Anweisungen erläutert.

2.7 Kurzfragen zu Kapitel 2

1) Welche Zeichen dürfen in FORTRAN benutzt werden?
2) Was ist bezüglich der Groß- bzw. Kleinschreibung in FORTRAN-Programmen zu beachten?
3) Nach welchen Regeln werden FORTRAN-Namen gebildet?
4) Welche Datentypen stehen in FORTRAN zu Verfügung?
5) Welchen Speicherplatz belegen die jeweiligen Typen?
6) Was geschieht bei der Typvereinbarung?
7) Welche zwei Arten von Konstanten kennt FORTRAN?
8) Wie wird ein Name als Konstante vereinbart? Was geschieht dabei?
9) Wozu dienen Anweisungsnummern? Wie sind sie definiert?
10) Warum werden Speicherplätze mit Werten vorbelegt?
11) Erklären Sie die zwei Möglichkeiten Speicherplätze vorzubelegen!
12) Was versteht man unter Feldern?
13) Wie werden Felder vereinbart?
14) Welche Arten von Dateizugriff kennt FORTRAN?
15) Wie werden Dateien bearbeitet? Welche Schritte sind dabei notwendig?
16) Welche Anweisungen unterstützen in FORTRAN die Dateibearbeitung?
17) In welchem Bereich eines FORTRAN-Quelltextes stehen Anweisungsnummern, in welchem stehen FORTRAN-Anweisungen?

3. SPRACHÜBERSICHT MICROSOFT FORTRAN

In diesem Kapitel werden die wesentlichen, für den FORTRAN-Anfänger wichtigen Elemente des MICROSOFT-FORTRAN-Compilers behandelt. Dieses Kapitel sollte von Ihnen sorgfältig durchgearbeitet werden. Wenn Sie die Kurzfragen am Ende dieses Kapitels ohne Hilfe beantworten können haben Sie sich einen guten Überblick von MS-FORTRAN verschafft.

3.1 Microsoft FORTRAN Meta-Befehle

Die Metasprache ist die Kontrollsprache des MS-FORTRAN-Compilers. Mittels der Metabefehle können Sie den Ablauf der Compilierung steuern. Für den Anfänger sind diese Befehle von nicht allzugroßer Bedeutung, deshalb erfolgt hier nur eine kurze Darstellung. Der interessierte Leser sei hier auf das MS-FORTRAN-Compilerhandbuch verwiesen.
Metabefehle gehören nicht zum normierten Sprachumfang von FORTRAN. Das bedeutet, daß die Nutzung dieser Befehle die Portabilität Ihrer Programme einschränkt.
Jeder Metabefehl muß allein in einer Zeile Ihres Quelltextes stehen:
Metabefehle sind wie folgt definiert:

```
metabefehl := $metabefehlname
```

Übersicht über die in der MS-FORTRAN Version 3.x nutzbaren Metabefehle:

• $DEBUG	• $LIST
• $DECMATH	• $NOLIST
• $NODEBUG	• $MESSAGE
• $DO66	• $PAGE
• $FLOATCALLS	• $PAGESIZE
• $NOFLOATCALLS	• $STORAGE
• $INCLUDE	• $STRICT
• $LARGE	• $NOTSTRICT
• $NOTLARGE	• $SUBTITLE
• $LINESIZE	• $TITLE

3.2 Programmeinheiten

Der MS-FORTRAN-Compiler bearbeitet Programmeinheiten. Eine Programmeinheit kann ein Hauptprogramm, ein Unterprogramm oder eine Funktion sein. Sie können jede dieser Programmeinheiten separat compilieren und später mit dem Linker zusammenbinden. Sie können aber auch alle Programmeinheiten in einen Quelltext schreiben und dann gemeinsam compilieren.

Unterprogramme und Funktionen bieten die Möglichkeit, umfangreiche Programmstrukturen zu entwerfen, die leicht in kleine Teile zerlegt werden können.

Das bringt verschiedene Vorteile:

- Ist ein Programm umfangreich, so kann es in mehrere Teile zerlegt, leichter entwickelt, getestet und gewartet werden.
- Ist ein Programm umfangreich, so wird für die Compilierung viel Zeit benötigt. Zerlegen des Programms in Teile spart hier Compilerzeit.
- Wollen Sie einzelne Routinen in verschiedenen Programmen implementieren, so können Sie eine Objektdatei mit dem Compiler anlegen und diese dann an die verschiedenen Programme anlinken.
- Kann eine Programmroutine auf verschiedene Weise erstellt werden (andere Programmiersprache, Assembler) so ist es günstig, diese Routine getrennt zu übersetzen und dann an das Programm anzulinken. Sie können dann an ihr Verbesserungen vornehmen, ohne das übrige Programm zu verändern.

3.2.1 Hauptprogramm (PROGRAM)

Jede Programmeinheit, die als erste Zeile keine FUNCTION- oder SUBROUTINE-Anweisung enthält, ist ein Hauptprogramm.

Die erste Anweisung kann die PROGRAM-Anweisung sein; sie ist aber nicht zwingend erforderlich. Die Ausführung eines Programms beginnt immer mit der ersten ausführbaren Anweisung im Hauptprogramm.

Besteht ein Programm aus mehreren Programmeinheiten, so muß und darf sich unter diesen Programmeinheiten nur ein Hauptprogramm befinden.

3.2.2 Unterprogramm (SUBROUTINE)

Ein Unterprogramm ist eine Programmeinheit die von anderen Programmeinheiten mittels der CALL-Anweisung aufgerufen werden kann. Dabei geht die Kontrolle dann von der rufenden Programmeinheit auf das aufgerufene Programm über. Wird ein Unterprogramm aufgerufen, so werden die im Unterprogramm definierten ausführbaren Anweisungen bearbeitet.

Erreicht das Unterprogramm die RETURN-Anweisung, so wird die Kontrolle wieder an die rufende Programmeinheit zurückgegeben. Diese fährt dann mit der unmittelbar auf die CALL-Anweisung folgenden Anweisung fort.

Ein Unterprogramm übergibt Werte nicht direkt an das rufende Programm. Jedoch kann mittels einer Parameterliste festgelegt werden, welche Werte übergeben werden sollen. Eine weitere Möglichkeit der Parameter-Übergabe besteht in der Verwendung von COMMON-Variablen.

3.2.3 Funktionen (FUNCTION)

Eine Funktion ist eine Programm-Einheit, die durch Angabe ihres Namens in einem Ausdruck aufgerufen wird. Sie übergibt mit ihrem Namen direkt das Ergebnis der Berechnung, die sie durchgeführt hat. So kann das Ergebnis der Berechnung in dem rufenden Ausdruck sofort weiter verwandt werden. Zusätzlich können in MS-FORTRAN Werte mittels einer Parameterliste zurückgegeben werden.

Man unterscheidet drei Arten von Funktionen:

- *EXTERNAL*
- *INTRINSIC*
- *STATEMENT*

External-Funktionen sind vom Anwender zu programmierende Funktionen. Intrinsic-Funktionen sind Bestandteil der mit dem Compiler mitgelieferten Bibliotheken z.B. SIN(x) und andere. Die Statement-Funktion wird vom Anwender in eine Programmeinheit integriert (nur bei sehr kurzen Funktionen üblich). Sie kann nicht separat compiliert werden, da sie Bestandteil einer Programmeinheit ist.

3.2.4 BLOCKDATA Unterprogramm

Ein BLOCKDATA-Unterprogramm ist eine Programm-Einheit, mittels der Vorbelegungen für Variablen in COMMON-Blöcken durchgeführt werden. Normalerweise werden Variable mittels der DATA-Anweisung vorbelegt. Dies ist bei Variablen in COMMON-Blöcken nur mittels des BLOCKDATA-Unterprogramms möglich.

3.3 Eingabe / Ausgabe

Eingabe nennt man die Übertragung von Daten aus einem externen Medium in den Hauptspeicher des Rechners. Diesen Vorgang nennt man in FORTRAN "READ"
Ausgabe ist die Übertragung von Daten aus dem Hauptspeicher auf ein externes Medium. Diesen Vorgang nennt man "WRITE".
In FORTRAN gibt es verschiedene Anweisungen, die die Ein- und Ausgabe unterstützen. Mit einigen dieser Anweisungen können Sie die Form der Ausgabe steuern.

3.3.1 Das Eingabe/Ausgabe-System (Datei-System)

Der Kern des MS-FORTRAN Datei-Systems wird durch Sätze (Records) gebildet. Ein Satz ist eine Folge von Worten, die Werte oder Zeichen enthalten können. Es gibt drei Arten von Sätzen:

- *formatierte Sätze*
- *unformatierte Sätze*
- *Dateiende-Satz*

3.3.2 Dateien (Files)

Dateien bestehen aus einer Abfolge von Sätzen. Sie sind mit einem Namen gekennzeichnet. Man unterscheidet zwischen internen und externen Dateien.
Eine externe Datei ist eine Datei auf einem Gerät, z.B. auf Diskette oder Festplatte.
Eine interne Datei ist eine Charactervariable, die als Quelle oder Ziel einer formatierten E/A-Operation dient.

Dateien werden durch folgende Angaben gekennzeichnet:

- *Dateinamen (interner und externer Name)*
- *Struktur (formatiert, unformatiert oder binär)*
- *Zugriffsart (sequentiell oder direkt)*

Es sind sehr viele Variationen von Dateitypen möglich. Praktisch genutzt werden meistens nur zwei:

- *implizit geöffnete externe, sequentielle, formatierte Dateien.*

- *explizit geöffnete externe, sequentielle, formatierte Dateien.*

3.4 Datentypen

Daten können in MS-FORTRAN zu einem der folgenden Grundtypen gehören:

- *INTEGER*
- *REAL*
- *DOUBLE PRECISION*
- *LOGICAL*
- *COMPLEX*
- *CHARACTER*

3. Sprachübersicht MICROSOFT FORTRAN

Diese Grundtypen werden in Abhängigkeit vom benutzten Speicherplatz weiter unterteilt:

- einfach genaues integer   (INTEGER*2)
- doppelt genaues integer   (INTEGER*4)
- einfach genaues real   (REAL*4 oder REAL)
- doppelt genaues real   (DOUBLE PRECISION)
- einfach genaues logical   (LOGICAL*2)
- doppelt genaues logical   (LOGICAL*4)
- einfach genaues complex   (COMPLEX*8)
- character   (CHARACTER)

Datentypen sollten, entsprechend den Regeln der strukturierten Programmierung, am Programmanfang vereinbart werden. Wenn keine Vereinbarung getroffen wurde, bestimmt in MS-FORTRAN der erste Buchstabe des Namens, zu welchem Typ die mit diesem Namen versehene Variable gehört.
Anfangsbuchstaben von I - N kennzeichnen den Typ INTEGER*4, alle anderen Anfangsbuchstaben den Typ REAL*4.
Diese Voreinstellung kann durch die IMPLIZIT-Anweisung geändert werden.

3.4.1 Integer

Der Datentyp INTEGER beinhaltet mehrere Untertypen. Eine INTEGER-Variable benötigt in Abhängigkeit vom $STORAGE-Metabefehl 2 oder 4 Byte. Der 2 Byte Integertyp kann maximal Werte im Bereich von -32767 bis +32767 annehmen. Der 4 Byte Integertyp kann Werte im Bereich -2147483647 bis +2147483647 annehmen.
Der Integer-Datentyp besteht aus einem Vorzeichen gefolgt von Ziffern. Die Eingabe eines Dezimalpunktes ist nicht zulässig.

Anmerkung:

> Die meisten Microprozessoren führen 16 Bit-Operationen merklich schneller als 32 Bit-Operationen durch. Deshalb ist es sinnvoll, vom Datentyp INTEGER*2 sooft wie möglich Gebrauch zu machen.

3. Sprachübersicht MICROSOFT FORTRAN

3.4.2 Real

Wie der Integer-Datentyp besteht auch der Real-Datentyp aus mehreren Untertypen. REAL oder REAL*4 Variable können Werte von -3,37 x 10 hoch ± 38 bis +3,37 x 10 hoch ± 38 annehmen. Die Genauigkeit ist größer als 6 Dezimalstellen und kleiner als 7. Eine Real-Variable kann aus folgenden Teilen bestehen:

- *Vorzeichen*
- *Ganzzahliger Anteil*
- *Dezimalpunkt*
- *Gebrochener Anteil*
- *Exponent*

Der Dezimalpunkt muß immer geschrieben werden.

Der ganzzahlige sowie der gebrochene Anteil besteht aus einer oder mehreren Ziffern. Es kann entweder der ganzzahlige oder der gebrochene Anteil weggelassen werden. (Natürlich nur, wenn der jeweilige Anteil 0 ist!)

Der Exponent besteht aus einem E, gefolgt von einem Vorzeichen und einem ganzzahligen Wert < = 38.

3.4.3 Double Precision

Der Datentyp DOUBLE PRECISION oder REAL*8 benötigt 8 Byte im Hauptspeicher. Er kann Dezimalwerte im Bereich von -4,19 D ± 308 bis +4,19 D ± 308 darstellen. Er ist ähnlich aufgebaut wie der Datentyp REAL*4. Lediglich in der Darstellung des Exponenten unterscheidet sich dieser Typ vom Typ REAL:

- Es steht D statt E für Exponent
- Der Wert des Exponenten darf maximal 308 betragen

3.4.4 Complex

Der Complex-Datentyp besteht aus einem Paar von einfach bzw. doppelt genauen Real-Zahlen. Die erste Real-Zahl stellt den reellen Teil einer komplexen Zahl dar, die zweite Real-Zahl stellt den imaginären Teil dar.

3.4.5 Logical

Der Datentyp Logical kann nur zwei Zustände ("wahr" oder "falsch") annehmen. In FORTRAN beinhalten logische Variable entweder den Wert .TRUE. oder .FALSE. . Die Verwendung des LOGICAL*2- bzw. LOGICAL*4 Typs hat keinen Einfluß auf den Inhalt der Variablen.

3.4.6 Character

Variable vom Typ Character können beliebige ASCII-Zeichen enthalten. Der Speicherplatzbedarf einer Character-Variablen ist gleich der Anzahl der in der Variablen enthaltenen Zeichen. Die Länge einer Character-Variablen muß zu Programmbeginn vereinbart werden. Sie kann im Bereich von 1 bis 127 liegen.
Eine Character-Variable besteht aus einer Folge von Zeichen, die von ' eingeschlossen ist. Ein Apostroph innerhalb einer Zeichenkette wird durch zwei aufeinander folgende " dargestellt.

Beispiel:

    Die Zeichenkette "das war's" würde in FORTRAN so geschrieben:
        'das war''s'

3.5 Ausdrücke

Ein Ausdruck ist eine Formel zur Berechnung eines Wertes. Er besteht aus einer Folge von Operanden und Operatoren. Die Operanden können Funktionsaufrufe, Variablen, Konstanten oder andere Ausdrücke enthalten.
Die Operatoren bestimmen die Berechnungen, die mit den Operanden durchgeführt werden sollen.
In dem folgenden Beispiel ist (+) der Operator; (a) (b) sind die Operanden.

Beispiel:

    a + b

Es gibt in MS-FORTRAN vier grundlegende Formen von Ausdrücken.

> - *Arithmetische-Ausdrücke*
> - *Character-Ausdrücke*
> - *Vergleichs-Ausdrücke*
> - *Logische-Ausdrücke*

Jede Form von Ausdruck hat bestimmte Typen von Operanden und benutzt einen bestimmten Satz von Operatoren. Die Berechnung eines jeden Ausdrucks liefert ein Ergebnis von einem bestimmten Typ. Ausdrücke sind keine Anweisungen, können aber Teile von Anweisungen sein. In dem folgenden Beispiel ist die gesamte Zeile eine Anweisung. Nur der Teil rechts vom Gleichheitszeichen ist der Ausdruck.

Beispiel:

    x = 2.0 / 3.0 + a * b

3.5.1 Arithmetische Ausdrücke

Ein arithmetischer Ausdruck liefert ein Ergebnis vom Typ INTEGER*2, INTEGER*4, REAL*4, DOUBLE PRECISION oder COMPLEX. Die einfachsten Formen von arithmetischen Ausdrücken sind:

> - *Konstanten*
> - *Variablen*
> - *Feldelemente*
> - *FUNCTION-Aufrufe*

3. Sprachübersicht MICROSOFT FORTRAN

Die Inhalte von Variablen und Feldelementen sind bei Programmbeginn nicht definiert. Ihnen muß erst ein Wert zugewiesen werden, bevor sie in arithmetischen Ausdrücken verwendet werden können.

Umfangreichere arithmetische Ausdrücke können unter Verwendung der einfachsten Formen und Kombination mit arithmetischen Operatoren sowie von Klammern ( ) nach den aus der Mathematik bekannten Regeln gebildet werden.

In MS-FORTRAN stehen folgende arithmetische Operatoren zur Verfügung:

OPERATOR	WIRKUNG	WERTIGKEIT
**	Exponentiation	höchste
*	Multiplikation	mittlere
/	Division	mittlere
+	Addition	niedrigste
-	Subtraktion	niedrigste

Bei der Anwendung der Operatoren steht jeweils ein Operator zwischen zwei Operanden. Das + und - Zeichen findet auch als Vorzeichen Anwendung, wobei dann zuerst das Vorzeichen gefolgt von dem zugehörigen Operanden steht.

Bei gleicher Wertigkeit werden die Operationen, mit Ausnahme der Exponentiation, von links nach rechts abgearbeitet. Bei mehreren aufeinander folgenden Exponentiationen werden diese von rechts nach links abgearbeitet.

Geklammerte Ausdrücke werden zuerst abgearbeitet; bei geschachtelter Klammerung werden die Klammern von innen nach außen abgearbeitet.

Radizieren kann man in MS-FORTRAN durch die Darstellung der Wurzeloperartion als gebrochene Exponentiation.

Beispiel:

    a-te Wurzel aus b wird geschrieben als $b^{(1/a)}$
    oder in MS-FORTRAN b ** (1./a)

Die nachfolgend aufgeführten Ausdrücke liefern jeweils das gleiche Ergebnis:

    ■ A/B*C   (A/B)*C

3. Sprachübersicht MICROSOFT FORTRAN

■ A**B**C   A**(B**C)

Arithmetische Ausdrücke können, wie schon erwähnt, in MS-FORTRAN in der Regel wie aus der Mathematik bekannt gebildet werden.
Folgt auf einen Operator ein Ausdruck mit einem Vorzeichen, so muß dieser Ausdruck geklammert werden.

Beispiel:

Falsch: A*-B   Richtig: A*(-B)

Da das Vorzeichen die niedrigste Wertigkeit hat, wird der folgende Ausdruck -A+B als -(A+B) interpretiert, was ein falsches Ergebnis liefert.
Bei der Verwendung von Klammern ist darauf zu achten, daß jede Klammer, die geöffnet wurde auch wieder geschlossen wird. Fehler bei der Klammerung werden vom Compiler nicht verziehen (Fehlermeldung).

3.5.1.1 INTEGER-Division

Die Division zweier INTEGER-Ausdrücke liefert ein INTEGER-Ergebnis, wobei der eventuell vorhandene nicht ganzzahlige Anteil verloren geht.

Beispiel:

7/3	= 2.3333	ergibt in FORTRAN 2
(-7)/3	= -2.3333	ergibt in FORTRAN -2
9/10	= 0.9	ergibt in FORTRAN 0
10/9	= 1.1111	ergibt in FORTRAN 1

Dieser Effekt läßt sich nur vermeiden, wenn eine der an der Operation beteiligten Zahlen als REAL-Zahl interpretiert würde. Das ist der Fall, wenn eine der Zahlen mit einem Dezimalpunk versehen ist. In diesem Fall wird eine Typanpassung durchgeführt.

3.5.1.2 Typanpassung

Sind alle Operanden eines arithmetischen Ausdrucks gleichen Typs, so ist das Ergebnis auch vom gleichen Typ. ·

Sind die Operanden von unterschiedlichem Typ, so findet eine Typanpassung hin zum Typ größerer Genauigkeit statt.

Die geringste Genauigkeit hat INTEGER*2. Die größte Genauigkeit liefert DOUBLE PRECISION bzw. COMPLEX*16.

Beispiel zur Typanpassung:

1. Operand	2. Operand	Ergebnis
INTEGER*2	INTEGER*4	INTEGER*4
INTEGER*2	REAL*4	REAL*4
REAL*4	COMPLEX*8	COMPLEX*8
REAL*8	COMPLEX*8	COMPLEX*16

3.5.2 CHARACTER-Ausdrücke

Ein CHARACTER-Ausdruck liefert als Ergebnis immer einen Ausdruck vom Typ CHARACTER. Es gibt folgende Formen von CHARACTER-Ausdrücken:

- *CHARACTER-Konstanten*
- *CHARACTER-Variablen*
- *CHARACTER-Feldelemente*
- *CHARACTER-FUNCTION-Aufrufe*

Es gibt keine Operatoren die ein Ergebnis vom Typ CHARACTER liefern.

Vergleichsoperationen mit CHARACTER-Ausdrücken können mit den Vergleichsoperatoren durchgeführt werden. Dabei werden die Zeichen in einem CHARACTER-Ausdruck Position für Position miteinander verglichen. Zeichen, die im ASCII-Zeichensatz einen kleineren Wert besitzen, sind dabei kleiner als Zeichen mit höherem Wert.

Werden CHARACTER-Ausdrücke unterschiedlicher Länge miteinander verglichen, so wird der kürzere Ausdruck automatisch bis zur Länge des längeren Ausdrucks mit Leerzeichen aufgefüllt; bevor verglichen wird.

Das Ergebnis eines Vergleichs zweier CHARACTER-Ausdrücke ist vom Typ LOGICAL.

3.5.3 Vergleichs-Ausdrücke

Vergleichs-Ausdrücke vergleichen die Werte von jeweils zwei arithmetischen bzw. CHARACTER-Ausdrücken. Das Ergebnis ist vom Typ LOGICAL. Wurde der Meta-Befehl $NOTSTRICT gegeben, so können CHARACTER-Ausdrücke mit arithmetischen Ausdrücken verglichen werden. Der arithmetische Ausdruck wird dabei als vom Typ CHARACTER interpretiert.

MS-FORTRAN kennt folgende Vergleichs-Ausdrücke:

OPERATOR	WIRKUNG
.LT.	kleiner
.LE.	kleiner oder gleich
.EQ.	gleich
.NE.	ungleich
.GT.	größer
.GE.	größer oder gleich

Es gibt keine unterschiedliche Wertigkeit bei Vergleichs-Operationen. Die Vergleichs-Operatoren stehen jeweils zwischen den Operanden, auf die sie angewandt werden.
Da das Ergebnis eines Vergleichs-Ausdruckes vom Typ LOGICAL ist, ist folgende Verknüpfung nicht erlaubt:

A .LT. B .NE. C

Beim Vergleich arithmetischer Ausdrücke unterschiedlichen Typs wird automatisch eine Typanpassung hin zum Typ größerer Genauigkeit durchgeführt.

3.5.4 Logische Ausdrücke

Ein logischer Ausdruck liefert als Ergebnis wieder einen logischen Ausdruck. Die einfachsten Formen logischer Ausdrücke sind:

3. Sprachübersicht MICROSOFT FORTRAN

> - *logische Konstanten*
> - *logische Variablen*
> - *logische Feldelemente*
> - *LOGICAL FUNCTION-Aufrufe*
> - *Vergleichsausdrücke*

Umfangreichere logische Ausdrücke werden, ähnlich wie bei den arithmetischen Ausdrücken, durch Verwendung logischer Operatoren sowie mittels Klammern ( ) gebildet.

MS-FORTRAN kennt folgende logische Operatoren:

OPERATOR	WIRKUNG	WERTIGKEIT
.NOT.	Negation	höchste
.AND.	Konjunktion	mittlere
.OR.	Disjunktion	mittlere
.EQV.	Equivalenz	niedrigste
.NEQV.	Nichtequivalent	niedrigste

Die .AND.-, .OR.-, .EQV.- und .NEQV.-Operatoren stehen jeweils zwischen den Operanden auf die sie wirken. Der .NOT.-Operator wirkt wie ein Vorzeichen und steht vor dem Ausdruck, auf den er wirkt.

Operationen gleicher Wertigkeit werden von links nach rechts abgearbeitet. Durch Anwendung von Klammern kann eine bestimmte Folge der Abarbeitung vorgeschrieben werden. Geschachtelte Klammern werden von innen nach außen abgearbeitet.

Wahrheitstafeln für .AND. und .OR.-Operator:

Der .AND.-Operator			Der .OR.-Operator		
A	B	Ergebnis	A	B	Ergebnis
t	t	t	t	t	t
t	f	f	t	f	t
f	t	f	f	t	t
f	f	f	f	f	f

3.5.5 Wertigkeit von Operatoren

Wenn arithmetische, vergleichs sowie logische Operatoren in einem Ausdruck miteinander verknüpft werden, muß deren Wertigkeit beachtet werden.

Rangfolge:

OPERATOR	WERTIGKEIT
Logische-Operatoren	niedrigste
Vergleichs-Operatoren	mittlere
Arithmetische-Operatoren	höchste

3.5.6 Nichterlaubte Operationen

Die folgenden Operationen sind in MS-FORTRAN nicht erlaubt:

- Arithmetische Operationen mit Operanden, die keine definierten Werte haben (siehe Vorbelegung).
- Division durch Null
- Exponentiation eines Operanden, der Null enthält mit Null oder einer negativen Zahl.
- Exponentiation eines negativen Operanden mit einem Operanden vom Typ REAL*4 oder DOUBLE PRECISION (liefert complexes Ergebnis).

3.6 Namen

Namen kennzeichnen Variablen, Felder oder Programmeinheiten in MS-FORTRAN-Programmen. Sie werden entweder vom Anwender vergeben oder vom MS-FORTRAN-System festgelegt. Ein MS-FORTRAN-Name besteht aus einer Folge von alphanumerischen Zeichen, die folgendermaßen aufgebaut sein muß:

> *Das erste Zeichen muß ein Alphazeichen sein, alle weiteren müssen alphanumerisch sein.*

> *Leerzeichen werden ignoriert.*

> *Die maximale Anzahl von Zeichen pro Name ist 1320 (66 Zeichen pro Zeile mal 19 Fortsetzungszeilen).*

> *Nur die ersten 6 Zeichen werden unterschieden.*

Abgesehen von diesen Einschränkungen sind MS-FORTRAN-Namen beliebig. Es gibt in MS-FORTRAN keine reservierten Namen wie z.B. in Basic oder in Pascal. Folgen von Zeichen, die als FORTRAN-Schlüsselworte benutzt werden, werden vom MS-FORTRAN-Compiler nicht mit vom Benutzer gewählten Namen gleicher Zeichenfolge verwechselt, da der Compiler auch den Zusammenhang, in dem Namen auftreten, analysiert.

Die Benutzung von Namen die FORTRAN-Schlüsselworten gleichen, erhöht natürlich nicht die Lesbarkeit Ihres FORTRAN-Programms. Deshalb sollte man von dieser Möglichkeit absehen.

3.6.1 Geltungsbereich von Namen

Namen gelten, sofern nicht anders vereinbart, nur in einer Programm-Einheit. Das bedeutet, daß gleiche Namen in verschiedenen Einheiten eines FORTRAN-Programms unterschiedliche Variablen kennzeichnen.
Mittels der COMMON-Anweisung können Namen aus einer Programm-Einheit auch in anderen Einheiten bekannt gemacht werden. Das ist z.B. sinnvoll bei Feldern großen Umfangs, da bei der Verwendung lokaler Variablen in jeder Programm-Einheit dieses Feld neu dimensioniert werden muß, was viel Speicherplatz kostet.
Ist eine Variable als COMMON vereinbart, so ist sie in jeder Programm-Einheit, die diese Vereinbarung enthält, bekannt. Eine Übergabe mittels einer Parameterliste bei Unterprogramm-Aufrufen, ist dann nicht erlaubt.
Namen von Programmeinheiten sind grundsätzlich global. Das bedeutet, jede Programm-Einheit in einem FORTRAN-Programm muß einen eigenen Namen haben, der nicht gleich dem Namen einer anderen Programm-Einheit, Variablen oder Konstanten sein darf.

3.6.2 Nichtvereinbarte Namen

In FORTRAN-Programmen können auch Variablennamen verwendet werden, die nicht ausdrücklich vereinbart worden sind. Der Typ der Variablen hängt dann vom Anfangsbuchstaben ab. Bei Anfangsbuchstaben von I bis N handelt es sich um eine INTEGER-Variable, sonst um eine REAL-Variable.
Diese voreingestellte Vereinbarung kann durch die IMPLICIT-Anweisung geändert werden.

3.7 Zeilen und Spalten

Man kann sich ein FORTRAN-Quellprogramm als eine Folge von Zeilen vorstellen. Zeilen bestehen aus einer Folge von Zeichen.
Die Zeichen in einer FORTRAN-Zeile werden in Spalten geschrieben. Das erste Zeichen in Spalte 1, das zweite in Spalte 2 usw. Nur die ersten 72 Zeichen einer Zeile werden von dem MS-FORTRAN-Compiler beachtet. Zeichen ab Spalte 73 werden vom Compiler ignoriert. Zeilen kürzer als 72 Zeichen werden bis Spalte 72 mit Leerzeichen aufgefüllt. Die Position von Zeichen in einer FORTRAN-Zeile ist von Gewicht:

3. Sprachübersicht MICROSOFT FORTRAN

> *Numerische Zeichen in Spalte eins bis fünf werden als Anweisungsnummern interpretiert.*

> *Zeichen in Spalte 6 dienen als Fortsetzungszeichen.*

> *Zeichen in Spalte 7 bis 72 werden als FORTRAN-Anweisungen verstanden.*

> *Kommentarzeilen werden durch ein C, c oder einen * in Spalte 1 gekennzeichnet.*

> *Metabefehle werden durch ein $ - Zeichen in Spalte 1 gekennzeichnet.*

3.7.1 Metabefehlszeile

Eine Metabefehlszeile beginnt mit einem $-Zeichen in Spalte 1, gefolgt von einem Metabefehl. Sie kontrolliert die Operationen des Compilers.

3.7.2 FORTRAN-Befehlszeilen

Eine FORTRAN-Befehlszeile ist jede Zeile, die nicht Kommentarzeile oder Meta-Befehlszeile ist und in Spalte 6 ein Leerzeichen oder eine 0 enthält. Die ersten 5 Spalten dieser Zeile müssen entweder leer sein oder eine Anweisungsnummer enthalten. Mit Ausnahme der Anweisung, die auf das logische IF folgt, beginnen alle FORTRAN-Anweisungen in einer FORTRAN-Befehlszeile.

Eine Anweisungsnummer ist eine Folge von einer bis fünf Ziffern, von denen wenigstens eine ungleich 0 sein muß. Die Anweisungsnummer kann an eine beliebige Stelle in den Spalten 1 bis 5 geschrieben werden. Leerzeichen und führende Nullen werden nicht beachtet.

3.7.3 Fortsetzungszeilen

Eine Fortsetzungszeile ist jede Zeile die nicht Kommentar oder Meta-Befehlszeile ist und in Spalte 6 ein Zeichen ungleich Leerzeichen oder 0 enthält. Die ersten 5 Spalten einer Fortsetzungszeile müssen Leerzeichen enthalten. Eine Fortsetzungszeile ermöglicht das Hinschreiben von FORTRAN-Ausdrücken, die länger als 65 Zeichen sind. Es sind bis zu 19 Fortsetzungszeilen möglich.

3.7.4 Kommentarzeilen

Eine Zeile wird als Kommentarzeile interpretiert, wenn eine der folgenden Bedingungen erfüllt ist:

- Ein C oder ein c steht in Spalte 1
- Ein * steht in Spalte 1
- Die Zeile enthält nur Leerzeichen

Kommentarzeilen haben keine Auswirkung auf die Ausführung eines FORTRAN-Programms. Kommentarzeilen können nicht fortgesetzt werden.

3.8 Zeichen

Grundsätzlich besteht jedes FORTRAN-Programm aus einer Folge von Zeichen. Wenn diese Zeichen vom Compiler gelesen werden, interpretiert er sie in Abhängigkeit vom Kontext als Zeichen, Namen, Anweisungsnummern, Konstanten, Variablen, Zeilen oder Befehle.
Die in FORTRAN-Programmen nutzbaren Zeichen gehören zum ASCII-Zeichensatz. Der ASCII-Zeichensatz läßt sich in drei Gruppen von Zeichen aufteilen:

- *52 Groß- und Kleinbuchstaben (A bis Z, a bis z)*

- *Die Zahlen 0 bis 9*

3. Sprachübersicht MICROSOFT FORTRAN

> ■ *Sonderzeichen (alle druckbaren Zeichen des ASCII-Zeichensatzes*

Buchstaben und Zahlen faßt man unter dem Oberbegriff alphanumerische Zeichen zusammen. MS-FORTRAN interpretiert alle Buchstaben als Großbuchstaben; ausgenommen davon sind Buchstaben in Zeichenketten.
Aus diesem Grund sind alle der nachfolgend aufgeführten Namen gleich:

    ABCDEF   abcdef   ABcDeF   abcDEF

3.8.1 Leerzeichen

Mit Ausnahme der in der nachfolgenden Liste aufgeführten Fälle haben Leerzeichen in MS-FORTRAN keine Bedeutung. Die Ausnahmen sind:

- Leerzeichen in Zeichenketten
- Leerzeichen in Spalte 6 des FORTRAN-Quellprogramms (Unterscheidung von normalen Befehlszeilen und Fortsetzungszeilen)

3.8.2 Tabulatorzeichen

Tabulatorzeichen können in MS-FORTRAN folgende Bedeutung haben:

- Ein Tabulatorzeichen in den Spalten 1 bis 5 hat die Folge, daß das nächste Zeichen als in Spalte 7 stehend interpretiert wird.
- Ein Tabulatorzeichen in den Spalten 6 bis 72 wird, auch wenn es in einer Zeichenkette vorkommt, als Leerzeichen interpretiert.

Anmerkung:

    Das ist zwar von Microsoft so dokumentiert, funktioniert aber nicht mit jedem Editor!

3.9 Kurzfragen zu Kapitel 3

1) Welche Programmeinheiten werden in MS-FORTRAN unterschieden?
2) Warum ist es sinnvoll ein Programm aus mehreren Programmeinheiten zusammenzusetzen?
3) Erklären Sie den Unterschied zwischen SUBROUTINE und FUNCTION.
4) Wie sind Dateien in FORTRAN aufgebaut (Dateistruktur)?
5) Welche Dateien werden in FORTRAN hauptsächlich genutzt?
6) Welche Datentypen gibt es in MS-FORTRAN?
7) Wieviel Speicherplatz belegen die jeweiligen Typen?
8) Was versteht man unter Ausdrücken?
9) Welche Ausdrücke werden in MS-FORTRAN unterschieden?
10) Was bedeutet Typanpassung?
11) Welche Operatoren kennt MS-FORTRAN?
12) Erklären Sie den Begriff "Wertigkeit von Operatoren".
13) Welche Regeln gelten für Namen in MS-FORTRAN?
14) Welche Namen sind in MS-FORTRAN lokal bekannt?
15) Welche Namen sind grundsätzlich global?
16) Welche Regeln gelten für nicht vereinbarte Namen?
17) Wie ist eine FORTRAN-Befehlszeile aufgebaut?
18) Wie werden FORTRAN-Befehls und Fortsetzungszeilen unterschieden?
19) Wie ist eine Kommentarzeile gekennzeichnet?
20) Welche Regeln gelten für die Verwendung von Leerzeichen?

4. STRUKTURIERTES PROGRAMMIEREN

Die Informatik beschäftigt sich mit der Verarbeitung von Daten, insbesondere mit Hilfe eines Computers. Im Mittelpunkt steht dabei der Entwurf von Algorithmen, die diese Daten verarbeiten. Solche Algorithmen müssen - um auf einem Computer zur Ausführung kommen zu können - in einer Programmiersprache formuliert werden. Die Ausführung eines Algorithmus dient dabei der Lösung eines Problems. Unter Programmierung als Ganzes versteht man sämtliche Aktivitäten, die nötig sind, um von einem gegebenen Problem aus zu einem Algorithmus zu gelangen, der auf einem Computer ausgeführt werden kann.

Ein Algorithmus ist eine Folge von Anweisungen, deren Ausführung eine gewünschte Wirkung hat. Solche Anweisungen - Anleitungen zur Vorgehensweise - sind uns aus dem täglichen Leben zur Genüge bekannt (etwa Strickmuster, Kochrezepte oder Montageanleitungen). Das Wort "Algorithmus" wollen wir jedoch für die Anleitungen reservieren, die - auf Grund der Art der Anweisungen - von einem Computer ausgeführt werden können.

Bei einer Anleitung spielen immer zwei Parteien eine Rolle: der Aufgabensteller und der Ausführende. Zwischen dem Verfasser einer Anleitung und dem Ausführenden muß Übereinstimmung hinsichtlich der Notation der Anleitung und hinsichtlich der Wirkung der Ausführung einer jeden Anweisung herrschen. Bei Algorithmen sorgt die Verwendung einer Programmiersprache für diese Übereinstimmung; der Verfasser eines Algorithmus ist der Programmierer, der Ausführende der Computer. Ebenso wie bei jeder anderen Sprache ist auch bei einer Programmiersprache zwischen Syntax (Notation eines Konstrukts, einer Anweisung) und Semantik (Bedeutung eines Konstrukts) zu unterscheiden. Die angeführte Übereinstimmung muß also sowohl für die Syntax als auch für die Semantik der verwendeten Programmiersprache gelten. Zwischen dem Verfasser eines Algorithmus und dem Ausführenden besteht ein großer Unterschied: Der Verfasser - also der Programmierer - muß zur Lösung seines Problems die Wirkung eines Algorithmus kennen, ohne ihn auszuführen, wogegen der Ausführende - also der Computer- den Algorithmus ausführen können muß, ohne zu "wissen", wofür dieser eigentlich gut ist.

Ein in einer Programmiersprache formulierter Algorithmus wird als Programm bezeichnet.

Um ein Programm ausführen zu können, benötigt ein Computer eine Vielzahl zusätzlicher Angaben über die Art der Ausführung. Beispielsweise ist anzugeben, in welcher

Programmiersprache das Programm geschrieben ist, da ein Computersystem im allgemeinen verschiedene Programmiersprachen "kennt".

Zusammenfassend läßt sich die Tätigkeit eines Programmierers folgendermaßen darstellen:

Problem

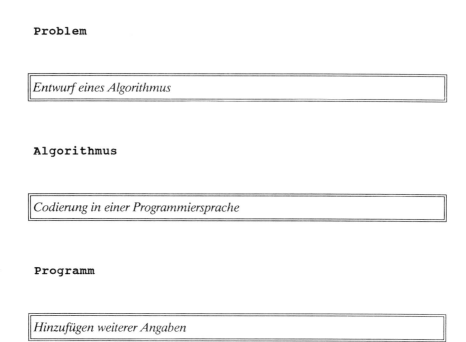

Im Folgenden wird schwerpunktmäßig der Entwurf von Algorithmen behandelt, d.h. das Finden eines Algorithmus zur Lösung eines gegebenen Problems. Zuweilen liefert das Anwendungsgebiet - d.h. das Fachgebiet, aus dem das Problem stammt - Hinweise für dessen Lösung, aber häufig ist das auch nicht der Fall. Die Kenntnis des Anwendungsgebietes kann unter Umständen beim Entwurf von Algorithmen nützlich sein; bei unseren Betrachtungen werden die Anwendungsgebiete jedoch eher eine untergeordnete Rolle spielen. Zur Formulierung der Algorithmen soll die Programmiersprache FORTRAN verwendet werden.

Eine Handlungsanleitung gibt an, auf welche Weise eine Wirkung zu erreichen ist; eine Beschreibung, die festlegt, was als Ergebnis zu erhalten ist, wird dagegen als Zustandsbeschreibung bezeichnet. Diese Begriffe - Handlungsanleitung und Zustandsbeschrei-

4. Strukturiertes Programmieren

bung - werden häufig miteinander verwechselt. So beschreibt ein Architekt in einem Bauplan sowohl, was auszuführen ist, als auch, wie gewisse Konstruktionen zu realisieren sind. Häufig werden in Anleitungen auch Zustandsbeschreibungen - zwecks Verdeutlichung - als eine Art Kommentar aufgenommen. Beispielsweise können bei Montageanleitungen Zeichnungen hinzugenommen werden, die angeben, in welchem Zustand sich das zu konstruierende Objekt zu befinden hat, nachdem gewisse Anweisungen ausgeführt worden sind.

Ein Algorithmus ist eine Anleitung. Beim Entwurf solcher Algorithmen werden wir in vielfältiger Weise von Zustandsbeschreibungen Gebrauch machen; diese werden dem jeweiligen Algorithmus als Kommentare hinzugefügt.

4.1 Strukogramme

<u>Definition des Begriffs Datenverarbeitung:</u>

> *Datenverarbeitung ist die Durchführung einer Reihe* **planmäßig** *aufeinanderfolgender Operationen mit Daten, die zu einem* **konkreten** *Ergebnis führen.*

Ziel der struktuierten Programmierung ist es, bereits bei der Programmentwicklung durch entsprechende Restriktionen Sorge zu tragen, daß das spätere Programm übersichtlich und wartungsfreundlich wird.

Ermöglicht wird diese Vorgehensweise durch die Erkenntnis, daß sich jedes Datenverarbeitungsproblem auf eine Kombination von vier logischen Grundstrukturen zurückführen läßt: Die Sequenz, die Auswahl, die Wiederholung und die Unterprogrammtechnik.

Für diese logischen Grundstrukturen (oder Konstrukte) werden folgende Regeln festgelegt:

> *Jede Datenverarbeitungsaufgabe läßt sich als Aufeinanderfolge (Sequenz) von abgeschlossenen Blöcken darstellen. Jeder dieser Blöcke besitzt nur einen Eingang und einen Ausgang und wird durch eines der Grundkonstrukte realisiert.*

4. Strukturiertes Programmieren

> *Eine Verschachtelung von Blöcken (also der Grundkonstrukte) ist unter Beachtung der ersten Regel zulässig.*

4.1.1 Die Sequenz

Durch eine Sequenz wird eine lineare Abfolge von Blöcken dargestellt. Dabei kann jeder Block eines der drei Grundkonstrukte oder eine Folge von Funktionen sein, deren Reihenfolge für die Lösung des Problems irrelevant ist.

BLOCK 1
Block 2
Block (n-1)
Block n

Darstellung einer Sequenz

4.1.2 Die Auswahl

Als Auswahl wird ein Block innerhalb des Programms bezeichnet, in dem in Abhängigkeit von einer Bedingung verschiedene Funktionen ablaufen können. Dabei unterscheidet man zwei Auswahl-Konstrukte.

4.1.2.1 Einseitige Auswahl

Bei erfüllter Bedingung wird ein Block von Anweisungen ausgeführt, bei nicht erfüllter Bedingung erfolgt keine Aktion.

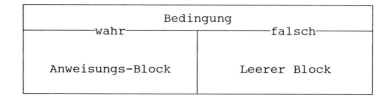

Symbol für einseitige Auswahl

4. Strukturiertes Programmieren

4.1.2.2 Zweiseitige Auswahl

Bei erfüllter Bedingung wird ein Block ausgeführt, bei nicht erfüllter Bedingung ein anderer Block, in jedem Fall wird die Verarbeitung an der selben Stelle fortgesetzt.

```
+-----------------------------------------------+
|                  Bedingung                    |
|------wahr---------+---------falsch------------|
|                   |                           |
| Anweisungs-Block 1| Anweisungs-Block 1        |
|                   |                           |
+-----------------------------------------------+
```

Symbol für zweiseitige Auswahl

4.1.3 Die Wiederholung

Eine Wiederholung ist ein Block eines Programms, der, abhängig von einer Bedingung, eventuell mehrfach durchlaufen wird. Entsprechend der minimalen Anzahl der Durchläufe durch den Block unterscheidet man zwei Typen von Wiederholungs-Konstrukten.

4.1.3.1 Die abweisende Schleife

Die Anweisungen des Schleifenkörpers werden solange ausgeführt, wie die Bedingung erfüllt ist. Die Bedingungen wird vor jeder Durchführung der Schleifenanweisungen geprüft. Ist die Bedingung nicht mehr erfüllt, wird das Programm hinter dem WHILE-Konstrukt fortgesetzt.

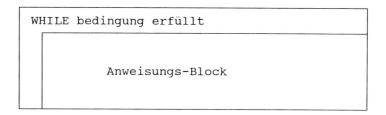

Symbol für die WHILE-Schleife

4. Strukturiertes Programmieren

4.1.3.2 Die nicht-abweisende Schleife

Die Anweisungen des Schleifenkörpers werden ausgeführt, bis die Bedingung erfüllt ist. Die Prüfung der Bedingung erfolgt nach der Durchführung der Schleifenanweisungen. Ist die Bedingung erfüllt, wird hinter dem REPEAT UNTIL-Konstrukt fortgesetzt, andernfalls wird der Schleifenkörper noch einmal durchgeführt. Die minimale Anzahl an Schleifendurchläufen ist 1, das Konstrukt bildet eine nicht abweisende Schleife.

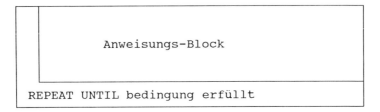

Symbol für die REPEAT UNTIL-Schleife

4.1.3.3 Die Zählschleife

Neben den o. g. beiden Schleifenarten steht noch die reine Zählschleife zur Verfügung. Bei ihr wird die Anzahl der Schleifendurchläufe explizit festgelegt.
Die Schleifenvariable wird dabei nach jedem Durchlauf um einen, zuvor definierten Wert (in FORTRAN ein beliebiger INTEGER-Wert) erhöht oder erniedrigt.
Die Zählschleife wird nicht mehr durchlaufen, wenn der Wert der Schleifenvariablen den Endwert überschritten (beim Aufzählen) oder unterschritten (beim Abzählen) hat.

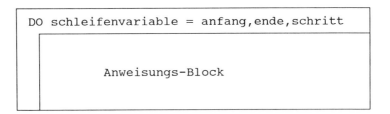

Symbol für die Zählschleife

4.1.4 Unterprogrammstrukturen

Unterprogrammstrukturen sollten immer dann benutzt werden, wenn bestimmte Operationen in einem Programm häufiger durchgeführt werden müssen. Das hat für den Programmierer nicht nur den Vorteil, weniger Programmcode schreiben zu müssen. Programme, die ihrer Struktur entsprechend in Unterprogramme aufgeteilt wurden, sind in der Regel auch übersichtlicher.

Soll ein Unterprogramm eine bestimmte Berechnung durchführen, so muß es die für diese Berechnung notwendigen Ausgangswerte in einer bestimmten Form mitgeteilt bekommen. Das geschieht in Form der Parameter-Übergabe.

Im Struktogramm sieht ein Unterprogrammaufruf wie folgt aus:

```
Unterprogrammname(parameterliste)
```

Symbol für einen Unterprogramm-Aufruf

4.2 Strukturiertes Programmieren in FORTRAN

Fortran unterstützt nicht alle in Absatz 4.1 ff dargestellten Konstrukte. Mit FORTRAN können nur Sequentielle-, Verzweigungs- sowie Unterprogramm-Strukturen gebildet werden. An Wiederholungs-Konstrukten steht nur die Zählschleife zur Verfügung. Die für die strukturierte Programmierung so wichtige WHILE-Schleife muß in FORTRAN mit einer Verzweigung und einem absoluten Sprung nachgebildet werden, für die REPEAT UNTIL-Schleife gilt das gleiche. Der folgende Abschnitt behandelt die Übersetzung der Struktogramme in die Programmiersprache FORTRAN.

4.2.1 Bildung der sequentiellen Struktur

Eine sequentielle Struktur entsteht in FORTRAN durch eine Folge von Anweisungen, die nacheinander abgearbeitet werden. Diese Folge darf keine Sprunganweisungen oder Verzweigungen beinhalten. Durch Angabe der Parameter END=**anwnr** bzw. ERR=**anwnr** können bestimmte FORTRAN-Anweisungen, die normalerweise als Sequenz geschrieben werden, die Eigenschaft von Sprunganweisungen erhalten.

Struktogramm	Übersetzung
Einlesen	READ(*,*) var
Verarbeiten	var=var*2
Ausgeben	WRITE(*,*) var

4. Strukturiertes Programmieren

4.2.2 Bildung der Verzweigungs-Strukturen

4.2.2.1 Die einseitige Verzweigung

Diese Struktur läßt sich in FORTRAN mit der BLOCK-IF-Anweisung darstellen. Dabei entspricht der THEN-Zweig dem Ja-Zweig, der ELSE-Zweig bleibt leer. Ist **bedingung** gleich .TRUE., so werden die Anweisungen nach THEN bearbeitet bis die ENDIF-Anweisung erreicht ist. Ist **bedingung** gleich .FALSE., so wird sofort hinter ENDIF fortgesetzt.

```
Struktogramm
+---------------------------------------------+
|                 IF bedingung                |
|---------J-----------------N-----------------|
|  Anweisungs-Block 1   |   Leerer Block      |
+---------------------------------------------+
```

```
Übersetzung
+---------------------------------------------+
|  IF bedingung THEN                          |
|                                             |
|      Anweisungs-Block 1                     |
|                                             |
|  ENDIF                                      |
+---------------------------------------------+
```

4.2.2.2 Die zweiseitige Verzweigung

Diese Verzweigung wird ebenfalls mit der BLOCK-IF-Anweisung gebildet. Dabei wird die ELSE-Anweisung benutzt, die die Anweisungen in Anweisungs-Block 2 einleitet. Wie bei der einseitigen Verzweigung werden bei **bedingung** gleich .TRUE. die Anweisungen hinter THEN bearbeitet. Erreicht das Programm die ELSE-Anweisung findet ein Sprung hinter die ENDIF-Anweisung statt. Ist **bedingung** gleich .FALSE., werden die Anweisungen hinter THEN bearbeitet, bis die ENDIF-Anweisung erreicht ist.

```
Struktogramm
+---------------------------------------------+
|                 IF bedingung                |
|---------J-----------------N-----------------|
|  Anweisungs-Block 1   |   Anweisungs-Block 2|
+---------------------------------------------+
```

4. Strukturiertes Programmieren

```
Übersetzung
    IF bedingung THEN
        Anweisungs-Block 1
    ELSE
        Anweisungs-Block 2
    ENDIF
```

4.2.2.3 Die mehrseitige Verzweigung

Auch die mehrseitige Verzweigung beginnt mit einer BLOCK-IF-Anweisung. Statt ELSE wird hier jedoch ELSEIF **bedingung2** geschrieben. Ist **bedingung** gleich .TRUE., werden die Anweisungen hinter THEN abgearbeitet bis ELSEIF erreicht ist. Dann erfolgt ein Sprung hinter die ENDIF-Anweisung. Ist **bedingung** gleich .FALSE., wird **bedingung2** überprüft. Ist sie .TRUE., wird hinter der dazu gehörenden THEN-Anweisung fortgesetzt bis die nächste ELSEIF-Anweisung erreicht ist, dann erfolgt der Sprung auf ENDIF. Wenn **bedingung2** gleich .FALSE. ist und noch eine weitere ELSEIF-Anweisung vorhanden ist, wird auch diese nach dem gleichen Muster bearbeitet. Ist die letzte ELSEIF-Anweisung bearbeitet worden, wird, in Abhängigkeit vom Ergebnis der Prüfung auf .TRUE. bzw. .FALSE., der THEN- bzw. ELSE-Zweig bearbeitet. Danach wird ebenfalls hinter ENDIF fortgesetzt.
Es können fast beliebig viele Verschachtelungen von ELSEIF-Anweisungen programmiert werden.

Struktogramm

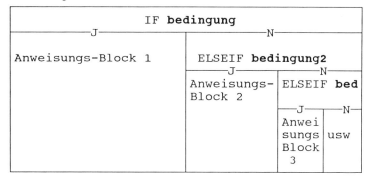

Übersetzung

```
IF bedingung THEN
    Anweisungsblock 1
    ELSEIF bedingung2 THEN
        Anweisungsblock 2
        ELSEIF bedingung3 THEN
            Anweisungsblock 3
            ELSEIF bedingung n THEN
                Anweisungs-Block n
            ELSE
                Anweisungs-Block n+1
ENDIF
```

4.2.3 Bildung der Schleifen-Strukturen

4.2.3.1 Die Zählschleife

Die Zählschleife wird mit der DO-Anweisung gebildet. In der DO-Anweisung wird einer Zählvariablen ein Anfangswert zugewiesen. Dieser Anfangswert wird dann in Abhängigkeit von der Angabe **schrittweite** erhöht oder erniedrigt bis der angegebene Endwert über- bzw. unterschritten ist. Bei jedem Schleifendurchlauf werden die Anweisungen im Anweisungs-Block, der zwischen DO **anwnr** und **anwnr** CONTINUE steht, ausgeführt.

Struktogramm

```
DO var=anfang,ende,schrittweite
    Anweisungs-Block
```

Übersetzung

```
        DO anwnr,var=anfang,ende,schrittweite

            Anweisungs-Block


anwnr CONTINUE
```

4.2.3.2 Die WHILE-Schleife

Die WHILE-Schleife steht in FORTRAN als Sprachelement nicht zur Verfügung. Sie kann aber z.B. durch Kombination von BLOCK-IF-Anweisung und der absoluten GOTO-Anweisung nachgebildet werden. Um diese Struktur im Programm besser erkennen zu können, ist es sinnvoll den Anfang und das Ende dieser nachgebildeten WHILE-Schleife durch eine Kommentarzeile zu kennzeichnen.

Struktogramm

Übersetzung

```
C beginn WHILE
anwnr IF (bedingung) THEN

            Anweisungs-Block

            GOTO anwnr

      ENDIF
C ende WHILE
```

4.2.3.3 Die Einlese-Schleife

Die Einlese-Schleife ist kein Element der Strukturierten Programmierung, man kann sie in FORTRAN jedoch sehr schön mit der READ-Anweisung in Verbindung mit dem

Parameter END=**anwnr** bilden. Wird dieser Parameter angegeben, verzweigt das Programm zu der mit **anwnr** gekennzeichneten Anweisung wenn von der gelesenen Einheit ein ^Z gesendet wird. Man kann auf diese Weise Daten von Dateien lesen, ohne die Anzahl der auf dieser Datei stehenden Sätze zu wissen. Ist das Dateiende erreicht, wird das an dieser Stelle stehende Dateiendezeichen ^Z gelesen und entsprechend ausgewertet. Auch hier ist eine entsprechende Kommentierung zweckmäßig.

Struktogramm

```
WHILE (einheit) not ^Z
    Anweisungs-Block
```

Übersetzung

```
C beginn einleseschleife
anwnr1  READ(einheit,format,END=anwnr) e/a-liste
            Anweisungs-Block
            GOTO anwnr1
anwnr   CONTINUE
C ende einleseschleife
```

4.2.3.4 Die REPEAT UNTIL-Schleife

Ebenso wie die WHILE-Schleife ist auch die REPEAT UNTIL-Schleife kein Sprachelement von FORTRAN. Sie kann aber, auf einfache Weise, mit der logischen IF-Anweisung gebildet werden. Auch hier sollten Anfang und Ende mit einem Kommentar gekennzeichnet werden. Die Negation von **bedingung** in der Übersetzung ist notwendig, da die REPEAT UNTIL-Schleife so definiert ist, daß sie durchlaufen wird bis **bedingung** gleich .TRUE. ist. Würde **bedingung** nicht negiert, so müßte man die Bedingung anders formulieren als im Struktogramm dargestellt. Das führt aber häufig zu Verwirrungen.

4. Strukturiertes Programmieren

Struktogramm

```
┌─────────────────────────────────────────────┐
│                                             │
│    Anweisungs-Block                         │
│                                             │
│                                             │
├─────────────────────────────────────────────┤
│ REPEAT UNTIL bedingung                      │
└─────────────────────────────────────────────┘
```

Übersetzung

```
C beginn REPEAT UNTIL
anwnr   CONTINUE

            Anweisungs-Block

        IF (NOT(bedingung)) GOTO anwnr
C ende REPEAT UNTIL
```

4.2.4 Unterprogramm-Aufrufe

4.2.4.1 FUNCTION-Unterprogramm

FUNCTION-Aufrufe werden im Struktogramm nicht besonders gekennzeichnet. An den Stellen, wo FUNCTION-Unterprogramme aufgerufen werden steht lediglich der FUNCTION-Name gefolgt von einer -optionalen- Parameterliste. Die Anweisungen des FUNCTION-Unterprogramms werden in einem separaten Struktogramm dargestellt.

4.2.4.2 SUBROUTINE-Unterprogramm

Unterprogramme dieses Typs werden mit der CALL-Anweisung, gefolgt von einer -optionalen- Parameterliste aufgerufen. Die Anweisungen der SUBROUTINE werden, wie bei der FUNCTION auch, in einem separaten Struktogramm dargestellt.

Struktogramm Hauptprogramm

```
┌─────────────────────────────────────────────┐
│                                             │
│  CALL name(parameterliste)                  │
│                                             │
└─────────────────────────────────────────────┘
```

4. Strukturiertes Programmieren

Struktogramm SUBROUTINE

```
SUBROUTINE name(parameterliste)

        Anweisungs-Block

RETURN
```

Übersetzung

```
        CALL name(parameterliste)


        ------------------------------------------

        SUBROUTINE name(parameterliste)

           Anweisungs-Block

        RETURN
```

4.3 Aufgaben zu Kapitel 2

4.3.1 Verzweigungen

Aufgabe 1:
Ein Programm soll von einer über die Tastatur eingegebenen Zahl das Quadrat sowie die Wurzel bilden, und das Ergebnis in geeigneter Weise auf dem Bildschirm anzeigen.
Problemanalyse:

> Offen gesagt klingt das bei dieser Aufgabe etwas übertrieben, aber Sie sollen sich ja an die grundsätzliche Vorgehensweise gewöhnen.

Schritt 1: Eine Zahl einlesen

Dazu benötig man eine Variable, um den eingelesenen Wert bis zur Verarbeitung zwischenzuspeichern. Dies Variable soll den Namen **zahl** erhalten

Schritt 2: Ergebnis ermitteln

Um das Ergebnis bis zur Ausgabe zu speichern benötigen wir jeweils eine Ergebnisvariable. Diese sollen die Namen **wurzel** und **quadrat** erhalten.
Weiter wissen wir aus der Mathematik, daß die Wurzel einer negativen Zahl im Bereich der komplexen Zahlenebene liegt. Aus diesen Grund wollen wir nur die Berechnung der Wurzel aus einer Zahl >= 0 zulassen. Das bedeutet, daß eine Verzweigung eingebaut werden muß, die **zahl** auf >= 0 abprüft. Im Fall daß **zahl** < 0 ist soll dann keine Berechnung von **wurzel** durchgeführt werden sondern die Meldung 'Eingegebene Zahl ist kleiner Null' augegeben werden. Diese Meldung soll in einer Konstanten mit dem Namen **meldung** abgespeichert sein.

4. Strukturiertes Programmieren

Schritt 3: Ergebnis anzeigen

Um das Ergebnis anzuzeigen werden die beiden Variablen **wurzel** sowie **quadrat** mit einer entsprechenden Anweisung aufgerufen und auf den Bildschirm gebracht. **wurzel** soll nur dann Angezeigt werden wenn **zahl** > = 0 ist. Dazu ist eine weitere Verzweigung notwendig.

Entwerfen Sie das zu diesem Programm gehörende Struktogramm und übersetzen Sie es nach FORTRAN!

Aufgabe 2:
In einer Fahrkartenverkaufstelle der Deutschen Bundesbahn soll von einem Programm der für eine Fahrkarte zu bezahlende Fahrpreis ermittelt werden. Dazu erhalten Sie folgende Angaben:

- Fahrpreis pro Kilometer einfache Fahrt ist 0,96 DM
- Fahrpreis pro Kilometer mit Rückfahrkarte ist 0,84 DM
- Erste Klasse Zuschlag ist 50%
- Fahrpreisermäßigung für Personen unter 18 Jahren ist 45%

Problemanalyse:

Schritt 1: Bereitstellung der notwendigen Eingabedaten

Einzulesen sind die Entfernungskilometer, ob einfache Fahrt oder Rückfahrkarte gewünscht wird, ob eine Erste Klasse Fahrkarte verlangt wurde und das Alter des Fahrgastes. Um diese Eingaben bis zur Berechnung speichern zu können werden wieder Variable benötigt. Diese sollen in diesem Beispiel **entfernung**, **rueckfahrt**, **klasse** und **alter** heißen.

4. Strukturiertes Programmieren

Schritt 2: Verarbeitung der Eingabedaten

Um den Fahrpreis pro Kilometer abrufen zu können sollen zwei Konstanten benutzt werden, die **einfach** und **hinrueck** heißen sollen.

Um den Berechnungsgang übersichtlich zu gestalten, soll die Berechnung schrittweise durchgeführt werden. Um die Zwischenergebnisse speichern zu können benötigen wir eine weitere Variable, die **fahrpreis** heißen soll.

Es wird jetzt zuerst der Fahrpreis in Abhängigkeit von **rueckfahrt** ermittelt. Ist **rueckfahrt** gleich 'ja' so soll **entfernung** mit **hinrueck** multipliziert werden, sonst mit **einfach**. Dazu wird wieder eine Verzweigung eingesetzt.

Ist **klasse** gleich 1, so wird **fahrpreis** mit 1,5 multipliziert, um den Erste Klasse Zuschlag zu berücksichtigen. Auch das kann mit einer Verzweigung berücksichtigt werden.

Ist **alter** kleiner 18 wird **fahrpreis** durch 100 dividiert und mit 45 multipliziert um die Fahrpreisermäßigung zu berücksichtigen.

Schritt 3: Ausgabe des Ergebnisses

Mit einer geeigneten Anweisung wird die Variable **fahrpreis** mit einem Kommentar 'Der Fahrpreis beträgt DM 'auf dem Bildschirm angezeigt. Der Kommentar soll in einer Konstanten gespeichert sein, die **meldung** heißt.

Entwerfen Sie zu dieser Aufgabe ein Struktogramm und übersetzen Sie es nach FORTRAN!

4. Strukturiertes Programmieren

4.3.2 Wiederholungsstrukturen

Aufgabe 1:
Schreiben Sie ein Programm, das eine Tabelle erstellt, in der den ersten 25 Zahlen ihre Quadrate und ihre Wurzeln gegenübergestellt werden.
Die Ausgabe soll wie folgt aussehen:

```
Zahl            Quadrat          Wurzel

1               1                1

2               4                1.414

.               .                .

.               .                .

.               .                .

.               .                .

25              625              5
```

Problemanalyse:

Schritt 1: Startwerte setzen

Aus der Aufgabenstellung geht hervor, daß die Zahlen 1 bis 25 benötigt werden. Diese beiden Werte werden dem Programm von uns in Form von Konstanten zur Verfügung gestellt.

Schritt 2: Verarbeitung

Sie sehen aus der Aufgabenstellung, daß hier eine bestimmte Berechnung sowie Ausgabe mehrere (hier 25) Male wiederholt werden soll. Darüber soll eine Überschrift 'ZAHL QUADRAT WURZEL' stehen. Diese Überschrift soll nur einmal geschrieben werden.

Da es sich bei den zu benutzenden Werten um Integer-Werte handelt, und das Inkrement (die Erhöhung) gleich 1 ist, können wir für die Berechnung und Ausgabe eine Zählschleife verwenden. Die Überschrift wird noch vor Beginn der Zählschleife geschrieben.

Schritt 3: Ausgabe

Die Ausgabe der ermittelten Ergebnisse findet diesmal in der Verarbeitungsschleife statt.

Entwerfen Sie ein Struktogramm und übersetzen Sie es nach FORTRAN!

4. Strukturiertes Programmieren

5. MICROSOFT FORTRAN-ANWEISUNGEN

In diesem Kapitel finden Sie eine alphabetische Übersicht der MS-FORTRAN-Anweisungen. Zu fast jeder Anweisung gibt es ein bzw. mehrere Beispielprogramme, die die Anwendung dieser Anweisung verdeutlichen sollen.

5.1 Einteilung der Anweisungen

Anweisungen in FORTRAN werden, wie schon erläutert, in ausführbare und nicht ausführbare Anweisungen unterteilt. Aus der folgenden Tabelle können Sie entnehmen welche Anweisungen ausführbar und welche nicht ausführbar sind.

NICHT AUSFÜHRBAR	AUSFÜHRBAR
• CHARACTER	• BACKSPACE
• COMPLEX	• CALL
• DATA	• CLOSE
• DIMENSION	• CONTINUE
• DOUBLE PRECISION	• DO
• FORMAT	• ELSE
• FUNCTION	• ELSEIF
• IMPLICIT	• END
• INTEGER	• ENDFILE
• LOGICAL	• ENDIF
• PARAMETER	• GOTO
• PROGRAM	• IF
• REAL	• INQUIRE
• SUBROUTINE	• OPEN
	• PAUSE
	• READ
	• RETURN
	• REWIND
	• STOP
	• WRITE
	• Zuweisung mit =

5. MICROSOFT-FORTRAN-Anweisungen

5.2 Übersicht der Anweisungen mit Beispielen

5.2.1 Die ASSIGN-Anweisung

Syntax:

ASSIGN **anweisungsnummer** TO **variable**

Semantik:

weist den Wert von **anweisungsnummer** einer INTEGER-Variablen zu.

Bemerkungen:

- **anweisungsnummer** ist eine maximal 5-stellige Ziffer

- **variable** ist eine INTEGER-Variable.

- Diese Anweisung dient dazu, einer INTEGER-Variablen den Wert einer Sprungadresse zuzuweisen.

Beispiel:

In dem folgenden Programm erhält **j** den Wert der Anweisungsnummer 400 zugewiesen. Mit der Variablen **j** kann keine INTEGER-Operation durchgeführt werden, bevor nicht mit einer Zuweisung mit = oder einer READ-Anweisung wieder ein INTEGER-Wert auf **j** zugewiesen wurde. Das Programm zählt in der Schleife von 0 bis 19, gibt den Zählerstand von i aus und verläßt dann die Schleife wegen der Bedingung WHILE **i** .LT. 20. Mit der STOP-Anweisung wird das Programm beendet.

5. MICROSOFT-FORTRAN-Anweisungen

Struktogramm

```
PROGRAM beisp
INTEGER i,j
DATA i/0/
ASSIGN 400 TO j
WHILE i .LT. 20
    WRITE(*,*) i
    i = i + 1
STOP
END
```

Übersetzung

```
    PROGRAM beisp
    INTEGER i,j
    DATA i/0/
    ASSIGN 400 TO j
400 IF i .LT. 20 THEN
        WRITE(*,*) i
        i = i + 1
        GOTO j
    ENDIF
    STOP
    END
```

5.2.2 Die Zuweisung mit =

Syntax:

variable = ausdruck

Semantik:

weist das Ergebnis von **ausdruck** auf **variable** zu.

Bemerkungen:

- **variable** ist eine Variable oder ein Feldelement

- **ausdruck** ist ein beliebiger Ausdruck

- Der Typ von **variable** und **ausdruck** müssen gleich sein.

Beispiel:

Das folgende Programm liest von der Tastatur einen Wert auf die Variable r und führt die Berechnung der Kreisfläche durch. Das Ergebnis dieser Berechnung wir durch die Zuweisung mit = auf die Vriable f übertragen. Mit der WRITE-Anweisung wird der Inhalt der Variablen f un-

5. MICROSOFT-FORTRAN-Anweisungen

formatiert auf dem Bildschirm angezeigt. Mit der STOP-Anweisung wird das Programm dann normal beendet.

Struktogramm

| PROGRAM flaech |
| REAL r,f,pi |
| PARAMETER (pi=3.1416) |
| WRITE(*,*)'Radius: ' |
| READ(*,*) r |
| f = r ** 2 * pi |
| WRITE(*,*)'Fläche:',f |
| STOP |
| END |

Übersetzung

```
PROGRAM flaech
REAL r,f,pi
PARAMETER (pi=3.1416)
WRITE(*,*)'Radius: '
READ(*,*) r
f = r ** 2 * pi
WRITE(*,*)'Fläche:',f
STOP
END
```

5.2.3 Die BACKSPACE-Anweisung

Syntax:

BACKSPACE **einheit**

Semantik:

Die mit **einheit** angesprochene Einheit wird um einen Satz zurückgesetzt.

Bemerkungen:

- Steht die angesprochene Einheit bereits am Anfang, so wird nichts verändert.

- Ist der vorangehende Satz der ENDFILE-Satz, so wird die Einheit vor diesem Satz positioniert.

- Ist die aktuelle Dateiposition in der Mitte eines Satzes, so wird an den Anfang dieses Satzes positioniert.

- Ist die Datei eine Binär-Datei, so wird um ein Byte zurückpositioniert.

Beispiel:

Das Programm liest formatiert von der Tastatur Namen, Alter und Beruf ein und prüft dabei, ob von der Tastatur ein ˆZ gesendet wurde. Der eingelesene Datensatz wird dann auf der Datei, die durch die Variable **geraet** angesprochen wird, gespeichert. Wurde ein ˆZ erkannt, wird das Programm hinter der WHILE-Schleife fortgesetzt. Als nächstes steht dort die ENDFILE-Anweisung, die das Ende der Datei mit einem ˆZ kennzeichnet. Durch die Abfrage "Weiterschreiben" hat der Anwender die Möglichkeit, weitere Eingaben zu machen, die auf die Datei übertragen werden. Dazu ist es notwendig, das Dateiendezeichen ˆZ zu entfernen. Die BACKSPACE-Anweisung setzt dazu die Datei um einen Satz zurück. Die folgende WRITE-Anweisung auf diese Datei kann so das Dateiendezeichen überschreiben.
Wird die 2. WHILE-Schleife durch Eingabe von ˆZ über die Tastatur beendet, erhält die Datei mit der ENDFILE-Anweisung erneut ein ˆZ und wird dann mit der CLOSE-Anweisung geschlossen.

5. MICROSOFT-FORTRAN-Anweisungen

Struktogramm

PROGRAM datein
INTEGER geraet,janein
REAL alter
CHARACTER*20 name, beruf
DATA geraet/10/
OPEN(geraet,FILE='datei1.dat',STATUS='new')
WHILE (*) not ˆZ
READ(*,format) name,alter,beruf
WRITE(geraet,format) name,alter,beruf
ENDFILE(geraet)
WRITE(*,*)'Weiterschreiben (Ja=1 Nein=0)'
READ(*,*) janein
IF janein .EQ. 1 — J / N
BACKSPACE(geraet)
WHILE (*) not ˆZ
READ(*,format)name,alter,beruf
WRITE(*,format)name,alter,beruf
ENDFILE(geraet)
CLOSE(geraet)
STOP
END

Übersetzung

```
      PROGRAM datein
      INTEGER geraet,janein
      REAL alter
      CHARACTER*20 name,beruf
      DATA geraet/10/
100   FORMAT(A20,I3,A20)
      OPEN(10,FILE='datei1.dat',STATUS='new')
150   READ(*,100,END=200)name,alter,beruf
         WRITE(geraet,100)name,alter,beruf
         GOTO 150
200   ENDFILE(geraet)
      WRITE(*,*)'Weiterschreiben (Ja=1,Nein=0)'
      READ(*,*)janein
      IF (janein .EQ. 1) THEN
           BACKSPACE (10)
250        READ(*,100,END=300)name,alter,beruf
           WRITE(geraet,100)name,alter,beruf
           GOTO 250
300        ENDFILE(geraet)
      ENDIF
      CLOSE (geraet,STATUS='KEEP')
      STOP
      END
```

5.2.4 Die BLOCK DATA-Anweisung

Syntax:

BLOCK DATA **name**

Semantik:

Die BLOCK DATA-Anweisung kennzeichnet den Beginn eines BLOCK DATA-Unterprogramms, in dem Variablen oder Feldelementen, die in COMMON-Blöcken enthalten sind, Anfangswerte zugewiesen werden.

Bemerkungen:

- **name** ist ein gültiger FORTRAN-Name.

- Außer der COMMON-, DIMENSION-, PARAMETER-, IMPLICIT-, EQUIVALENCE-, SAVE-, DATA-, und END-Anweisung darf keine andere Anweisung in einem BLOCK DATA-Unterprogramm vorkommen.

- Der Aufruf eines BLOCK DATA-Unterprogrammes erfolgt mittels der CALL-Anweisung.

5.2.5 Die CALL-Anweisung

Syntax:

CALL **upname** (**ap1,ap2**,...)

Semantik:

ruft ein Unterprogramm auf und übergibt die in der Liste aufgeführten Parameter.

Bemerkungen:

- **upname** ist der Name des zu rufenden Unterprogramms

- **ap1, ap2** usw. sind aktuelle Parameter aus der folgenden Liste:

  - alternative RETURN-Angabe
  - Konstante
  - Feldelemente
  - Funktionsnamen
  - Ausdrücke
  - Variablen
  - Felder

5. MICROSOFT-FORTRAN-Anweisungen

- Die aktuellen Parameter in der CALL-Anweisung müssen mit den formalen Parametern im Unterprogramm in Typ, Position und in der Anzahl übereinstimmen.

- FORTRAN läßt keine rekursiven Aufrufe zu.

- Ist in dem Unterprogramm eine RETURNn-Anweisung vorhanden, so kehrt das Programm nicht zu der auf die CALL-Anweisung folgenden Anweisung zurück, sondern verzweigt zu der n-ten *anweisungsnummer. Die alternative RETURN-Angabe stellt einen groben Verstoß gegen die Regeln der strukturierten Programmierung dar und wird deshalb hier nicht weiter behandelt.

Beispiel:

In dem folgenden Beispiel wird die Anwendung der CALL-Anweisung in Verbindung mit einer SUBROUTINE dargestellt. Im Hauptprogramm wird der Variablen i der Wert 3 zugewiesen. Dieser Wert wird als aktueller Parameter mit der CALL-Anweisung an die Variable n im Unterprogramm **up** übergeben. Im Unterprogramm wird das Quadrat von n gebildet; das Ergebnis der Berechnung wird wieder auf die Variable n zugewiesen, die dadurch den vorher vorhandenen Wert verliert. Wenn im Unterprogramm die RETURN-Anweisung erreicht ist, wird der neue Inhalt von n an die Variable i im Hauptprogramm übergeben. Der alte Wert 3 ist dabei überschrieben worden. Mit der WRITE-Anweisung wird der Inhalt der Variablen i unformatiert auf dem Bildschirm angezeigt.

Struktogramm

PROGRAM quadra
INTEGER i
DATA i/3/
CALL up(i)
WRITE(*,*) i
STOP
END

SUBROUTINE up(n)
INTEGER n
n = n ** 2
RETURN
END

Übersetzung

```
       PROGRAM quadra
       INTEGER i
       DATA i/3/
       CALL test(i)
       WRITE(*,*) i
       STOP
       END
-----------------------------------
       SUBROUTINE test(n)
       INTEGER n
       n = n ** 2
       RETURN
       END
```

5.2.6 Die CLOSE-Anweisung

Syntax:

CLOSE(**einheit** [,STATUS='**status**'] [,IOSTAT=**variable**])

Semantik:

trennt eine Datei von der zugeordneten Einheitennummer. Wenn **status** gleich 'DELETE' ist, wird die unter **einheit** geführte Datei gelöscht.

5. MICROSOFT-FORTRAN-Anweisungen

Bemerkungen:

- **status** ist entweder 'KEEP' oder 'DELETE'. Wird nichts angegeben, so wird 'KEEP' angenommen.

- **variable** ist entweder eine INTEGER-Variable oder ein INTEGER-Feldelement. Tritt beim Schließen der Einheit kein Fehler auf, so ist der Wert von **variable** gleich 0. Trat bei der Operation ein Fehler auf, so enthält **variable** einen Wert ungleich 0. Dieser Wert ist vom verwendeten Prozessor abhängig.

Beispiel:

In diesem Beispiel wird die Handhabung der CLOSE-Anweisung demonstriert. Es werden zwei Dateien als Einheit 10 bzw. 12 geöffnet. Durch die Angabe des Parameters STATUS='new' bei der OPEN-Anweisung für die Einheit 12 wird die Datei TEST2.DAT neu angelegt. Dann werden in der Schleife alle Daten aus der -bereits bestehenden- Datei TEST1.DAT an die neue Datei TEST2.DAT übertragen. Die Übertagung wird beendet, wenn von der Datei TEST1.DAT das Dateiendezeichen ^Z gelesen wird. Mit der ENDFILE-Anweisung wird anschließend der Dateiendesatz ^Z in die Datei TEST2.DAT geschrieben. Die Anweisung CLOSE(10,STATUS='delete') schließt die als Einheit 10 geführte Datei TEST1.DAT. Der Parameter STATUS='delete' bewirkt, daß diese Datei von der Diskette bzw. Festplatte gelöscht wird. Mit der CLOSE-Anweisung für die Einheit 12 wird die Datei TEST2.DAT geschlossen.

5. MICROSOFT-FORTRAN-Anweisungen

Struktogramm

PROGRAM copy
INTEGER i,j
CHARACTER*30 name
OPEN(10,FILE='dat1.dat',STATUS='old')
OPEN(12,FILE='dat2.dat',STATUS='new')
WHILE (10) not ^Z
READ(10,format) i,j,name
WRITE(12,format) i,j,name
ENDFILE(12)
CLOSE(10,STATUS='delete')
CLOSE(12,STATUS='keep'
STOP
END

Übersetzung

```
      PROGRAM copy
      INTEGER i,j
      CHARACTER*30 name
100   FORMAT(A30,I6,I8)
      OPEN (10,FILE='test1',STATUS='old')
      OPEN (12,FILE='test2',STATUS='new')
200   READ(10,100,END=300) name,i,j
      WRITE(12,100) name,i,j
      GOTO 200
300   CONTINUE
      ENDFILE(12)
      CLOSE (10,STATUS='delete')
      CLOSE (12,STATUS='keep')
      STOP
      END
```

5.2.7 Die COMMON-Anweisung

Syntax:

COMMON[/[**cname**]/]**varliste**[[,]/[**cname**]/**varliste**]...

Semantik:

macht die Variablen in **varliste** in allen Programmeinheiten bekannt, in denen die COMMON-Anweisung mit **cname** angewandt wird.

Bemerkungen:

- **cname** ist der Name eines COMMON-Blocks.

- **varliste** ist eine Liste von Variablen auf die die COMMON-Anweisung angewandt werden soll.

Beispiel:

Soll ein umfangreiches Programm, das sehr viel Variable benutzt, zur besseren Übersichtlichkeit in Unterprogramme zerlegt werden, dann ist die Anwendung der COMMON-Anweisung ratsam. Würden in jeder Programmeinheit alle benutzten Variablen separat vereinbert, würde sehr viel Speicherplatz belegt. Außerdem müßten bei jedem Unterprogrammaufruf alle Variablen an das Unterprogramm übergeben werden. Durch die COMMON-Anweisung benutzen die Variablen in allen Programmeinheiten den gleichen Speicherplatz. Das folgende Programm zeigt kurz eine einfache Anwendung der COMMON-Anweisung.

5. MICROSOFT-FORTRAN-Anweisungen

Struktogramm

PROGRAM com
INTEGER i,j,k,l
REAL a,b,c,d
COMMON /block1/i,j,k,l
COMMON /block2/a,b,c,d
READ(*,*) a,b,i,j,d
CALL test1
CALL test2
WRITE(*,*) c,d,k,l
STOP
END

SUBROUTINE test1
COMMON /block1/i,j,k,l
k = i + j
l = i - j
RETURN
END

SUBROUTINE test2
COMMON /block2/a,b,c,d
c = a * b
RETURN
END

Übersetzung

```
      PROGRAM beisp
      INTEGER i,j,k,l
      REAL a,b,c,d
      COMMON /block1/i,j,k,l
      COMMON /block2/a,b,c,d
      READ(*,*) a,b,i,j
      CALL test1
      CALL test2
      WRITE(*,*) c,d,k,l
      STOP
      END
---------------------------------
      SUBROUTINE test1
      COMMON /block1/i,j,k,l
      k = i+j
      l = i-j
      RETURN
      END
---------------------------------
      SUBROUTINE test2
      COMMON /block2/a,b,c,d
      c = a*b
      RETURN
      END
```

5.2.8 Die CONTINUE-Anweisung

Syntax:

CONTINUE

Semantik:

Diese Anweisung hat keinen Einfluß auf die Programm-Ausführung.

Bemerkungen:

- Die CONTINUE-Anweisung ist eine Leer-Anweisung und dient im Zusammenhang mit einer Anweisungsnummer als Sprungziel.

Beispiel:

Das folgende Programm zeigt die Anwendung der CONTINUE-Anweisung am Beispiel einer Zähl-Schleife zur Fakultätsberechnung. Mit der READ-Anweisung wird von der Tastatur eine INTEGER-Zahl auf die Variable **n** übertragen. Diese Variable wir in der Zählschleife zur Angabe des Endwertes benutzt. Die Schleife wird, mit dem Wert 1 beginnend, solange durchlaufen, bis die Schleifenvariable **i** den Wert der Variablen **n** überschritten hat. Dabei wird die Variable **erg** bei jedem Schleifendurchlauf mit dem aktuellen Wert der Variablen **i** multipliziert, das Ergebnis der Multiplikation wird wieder auf **erg** zugewiesen. Wenn die Bearbeitung der Zählschleife beendet ist, wird der Inhalt von **erg** angezeigt.

5. MICROSOFT-FORTRAN-Anweisungen

Struktogramm

PROGRAM fakult
INTEGER i,n,erg
DATA erg/1/
READ(*,*) n
DO 100, i = 1,n,1
| erg = erg * i
WRITE(*,*) 'Fakultät von',n,' = ',erg
STOP
END

Übersetzung

```
      PROGRAM fakult
      INTEGER i,n,erg
      DATA erg/1/
      READ(*,*) n
      DO 100,i=1,n,1
         erg = erg * i
100   CONTINUE
      WRITE(*,*) 'NFAK (',n,') = ',ergeb
      STOP
      END
```

5.2.9 Die DATA-Anweisung

Syntax:

DATA **var**/**const**/[, **var**/**const**/]....

Semantik:

weist den mit **var** angegebenen Variablen die bei **const** stehenden Anfangswerte zu.

Bemerkungen:

- Die DATA-Anweisung muß nach allen Spezifikations-Anweisungen, jedoch vor allen ausführbaren Anweisungen, stehen.

- **var** ist eine Variable, Feldelement oder Feld.

- **const** ist eine Konstante, die der Variablen **var** zugewiesen wird.

- **var** und **konst** müssen typgleich sein.

- Die Konstanten, die unter **const** angegeben werden, können mit einem Wiederholungsfaktor versehen werden. So ist es, wenn in Feldern alle Feldelemente den gleichen Wert erhalten sollen, nicht notwendig, diesen Wert so oft hinzuschreiben, wie Feldelemente vorhanden sind.

Beispiel:

Das folgende Programm zur Mittelwertberechnung zeigt die Möglichkeiten, Variablen mittels der DATA-Anweisung mit Werten vorzubelegen. Der Inhalt der CHARACTER-Variablen **text0** wird in dem Programm zwei mal benötigt, durch die Vorbelegung dieser Variablen mit dem Meldetext muß dieser jedoch nur einmal geschrieben werden.

Struktogramm

PROGRAM durchs
REAL feld,summe,mittel
INTEGER i,j
CHARACTER*30 text0,text1,text2
DIMENSION feld(25)
DATA j/1/,text0/'Zahl eingeben   Ende mit ^Z'/
DATA text1/' Zahlen eingegeben'/
DATA text2/' Der Mittelwert beträgt : '/,summe/0.0/
WRITE(*,*) text0
WHILE (*) not ^Z
READ(*,*) feld(j)
j = j + 1
write(*,*) text0
j = j - 1
WRITE(*,*) j,text1
DO 300,i = 1,j,1
summe = summe + feld(i)
mittel = summe / j
WRITE(*,*) text2,mittel
STOP
END

Übersetzung

```
      PROGRAM durchs
      REAL feld,summe,mittel
      INTEGER i,j
      CHARACTER*30 text0,text1,text2
      DIMENSION feld(25)
      DATA j/1/text0/'Zahl eingeben    Ende mit ^Z'/
      DATA text1/'Zahlen eingegeben'/,summe/0.0/
      DATA text2/'Der Mittelwert beträgt :'/
      WRITE(*,*) text0
100   READ(*,*,END=200) feld(j)
         j=j+1
         WRITE(*,*) text0
         GOTO 100
200   CONTINUE
      j = j - 1
      WRITE(*,*)j,text1
      DO 300,i=1,j,1
         summe = summe + feld(i)
300   CONTINUE
      mittel = summe / j
      WRITE(*,*)text2,mittel
      STOP
      END
```

5.2.10 Die DIMENSION-Anweisung

Syntax:

DIMENSION **fname(dimension)**[,**fname(dimension)**]...

Semantik:

definiert eine Variable als Feld, legt die Anzahl der Feldelemente fest und reserviert den benötigten Speicherplatz.

Bemerkungen:

- **dimension** besteht aus maximal 7 Dimensionsangaben, die durch Kommata voneinander getrennt werden müssen. Die untere Grenze jeder Dimensionsangabe ist 1.

- Eine Dimensionsangabe ist eine INTGER-Konstante. In Unterprogrammen ist auch eine Variable Dimensionsangabe zulässig (hier nicht weiter behandelt).

- Umfaßt das compilierte Programm zusammen mit den dimensionierten Feldern mehr als 64 KByte, so muß der Meta-Befehl $LARGE angewandt werden. So kann der gesamte im Rechner befindliche Speicherplatz für Felder genutzt werden.

Beispiel:

1. Beispiel
Ein Programm soll 100 Feldelemente von Typ CHARACTER zur Abspeicherung von Namen bereitstellen. Jeder Name darf maximal 20 Zeichen lang sein. Das Programm kann bis zu 100 Namen von der Tastatur einlesen und auf den Feldelementen speichern. Anschließend werden alle eingegebenen Namen wieder ausgegeben.

Struktogramm

PROGRAM feld
INTEGER i,j
CHARACTER namen*20
DIMENSION namen(100)
DATA i/1/
WRITE(*,*)'Namen eingeben Ende mit ^Z'
WHILE (*) not ^Z
READ(*,format)namen(i)
i = i + 1
WRITE(*,*)'Namen eingeben'
i = i - 1
DO 400,j = 1,i,1
WRITE(*,*) namen(j)
WRITE(*,*) i,' Namen ausgegeben'
STOP
END

Übersetzung

```
      PROGRAM bsp1
      INTEGER i,j
      CHARACTER namen*20
      DIMENSION namen(100)
      DATA i/1/
100   FORMAT(1A20)
      WRITE(*,*)'Namen eingeben'
200   READ(*,100,END=300) namen(i)
         i = i + 1
         WRITE(*,*)'Namen eingeben'
         GOTO 200
300   CONTINUE
      i = i - 1
      DO 400,j=1,i,1
         WRITE(*,100) namen(j)
400   CONTINUE
      WRITE(*,*)i,' Namen ausgegeben'
      STOP
      END
```

2. Beispiel

Hier wird kurz gezeigt, wie mit dem $LARGE-Meta-Befehl der gesamte Hauptspeicher für ein FORTRAN-Programm bereitgestellt wird. Das Feld belegt in diesem Beispiel 100 000 * 4 Byte, das sind zusammen 400 000 Byte.

Hier nur die Übersetzung

```
$LARGE
      PROGRAM bsp2
      REAL feld
      DIMENSION feld(100000)
      DATA feld/100000*0.0/
      .
      .
      es kann jetzt ein beliebiges
      programm folgen
      .
      .

      STOP
      END
```

5.2.11 Die DO-Anweisung

Syntax:

DO **anwnr**,**var**=**anfang**,**ende**[,**schrittweite**]

Semantik:

Zählschleife, wiederholt die zwischen der DO-Anweisung und der Anweisung mit **anwnr** befindlichen Anweisungen, bis **var** den Wert **ende** überschritten hat.

Bemerkungen:

- **var**, **anfang**, **ende** und **schrittweite** müssen INTEGER-Konstante oder INTEGER-Variable sein.

- **var**, **anfang**, **ende**, **schrittweite** dürfen innerhalb des Schleifenkörpers nicht verändert werden.

- Es können mehrere Schleifen ineinander geschachtelt werden; sie dürfen sich jedoch nicht überlappen.

- Es darf nicht von außerhalb der Schleife in das Schleifeninnere gesprungen werden.

- Ein Sprung vom Schleifeninneren nach außerhalb der Schleife ist zulässig, widerspricht aber den Regeln der strukturierten Programmierung.

- Sprünge innerhalb der Schleife sind zulässig.

- Ist **schrittweite** nicht angegeben so wird 1 angenommen. Die Schleife wird nicht durchlaufen wenn:
  - **anfang** größer als **ende** ist und **schrittweite** größer 0 ist.
  - **anfang** kleiner als **ende** ist und **schrittweite** kleiner 0 ist.

5. MICROSOFT-FORTRAN-Anweisungen

Beispiele:

1. Beispiel

Dieses Programm zählt in Schritten von 1 bis 99 und gibt dabei jeden Wert der Zählvariablen i auf dem Bildschirm aus. Die Schrittweite ist dabei 1.

Struktogramm

PROGRAM zaehl1
INTEGER i
DO 100,i=1,99,1
WRITE(*,*)'Zählerstand : ',i
WRITE(*,*)'Endstand Zähler : ',i
STOP
END

Übersetzung

```
      PROGRAM zaehl1
      INTEGER i
      DO 100,i=1,99,1
         WRITE(*,*)'Zählerstand : ',i
100   CONTINUE
      WRITE(*,*)'Endstand Zähler : ',i
      STOP
      END
```

2. Beispiel

Dieses Programm zählt von 10 bis -10, die Schrittweite ist dabei -1. Der jeweilige Wert der Zählvariablen j wird auf dem Bildschirm angezeigt.

Struktogramm

PROGRAM zaehl2
INTEGER j
DO 200,j=10,-10,-1
WRITE(*,*)'Zählerstand : ',j
WRITE(*,*)'Endstand Zähler : ',j
STOP
END

Übersetzung

```
      PROGRAM zaehl2
      INTEGER j
      DO 100,j=10,-10,-1
         WRITE(*,*)'Zählerstand : ',j
 100  CONTINUE
      WRITE(*,*)'Endstand Zähler : ',j
      STOP
      END
```

3. Beispiel

Das folgende Programm berechnet die Summe der Zahlen von 1 bis zu einem von der Tastatur eingelesenen Endwert.

5. MICROSOFT-FORTRAN-Anweisungen

Struktogramm

PROGRAM gauss
INTEGER zaehl,n,summe
DATA summe/0/
WRITE(*,*)'Ganze Zahl größer 0 eingeben'
READ(*,*) n
DO 300,zaehl=1,n,1
summe = summe + zaehl
WRITE(*,*)'Summe von 1 bis ',n,' ist: ',summe
STOP
END

Übersetzung

```
      PROGRAM summe
      INTEGER zaehl,n,summe
      DATA summe/0/
      WRITE(*,*)'Ganze Zahl größer 0 eingeben'
      READ(*,*) n
      DO 300,zaehl=1,n,1
         summe = summe + zaehl
 300  CONTINUE
      WRITE(*,*)'Summe von 1 bis ',n,' ist: ',summe
      STOP
      END
```

5.2.12 Die ELSE-Anweisung

Syntax:

  ELSE

Semantik:

  kennzeichnet den Anfang eines ELSE-Blocks.

Bemerkungen:

- Die ELSE-Anweisung muß in einer separaten FORTRAN-Zeile stehen. Außer ELSE darf diese Zeile keine weiteren Anweisungen enthalten.

- Alle Anweisungen zwischen ELSE und dem darauf folgenden END IF gehören zu dem ELSE-Block.

- Der ELSE-Block kann beliebig viele Anweisungen beinhalten. Er darf auch leer sein.

- Der Einsprung mit GOTO in den ELSE-Block ist verboten.

Beispiel:

Das folgende Programm prüft, ob die von der Tastatur eingelesenen Werte für i und j gleich sind und gibt das Ergebnis auf dem Bildschirm aus.

Struktogramm

PROGRAM gleich	
INTEGER i,j	
WRITE(*,*)'1. Wert eingeben'	
READ(*,*)i	
WRITE(*,*)'2. Wert eingeben'	
READ(*,*)j	
IF (i .EQ. j)	
──J──	──N──
WRITE(*,*)'gleich'	WRITE(*,*)'ungleich'
STOP	
END	

5. MICROSOFT-FORTRAN-Anweisungen

Übersetzung

```
PROGRAM gleich
INTEGER i,j
WRITE(*,*)'1. Wert eingeben'
READ(*,*) i
WRITE(*,*)'2. Wert eingeben'
READ(*,*) j
IF (i .EQ. j) THEN
        WRITE(*,*)'gleich'
    ELSE
        WRITE(*,*)'ungleich'
ENDIF
STOP
END
```

5.2.13 Die ELSEIF-Anweisung

Syntax:

ELSEIF (**ausdruck**) THEN

Semantik:

Der auf THEN folgende Block von Anweisungen wird ausgeführt, wenn **ausdruck** wahr ist.

Bemerkungen:

- Diese Anweisung dient dazu, nach einer IF-Anweisung weitere Abprüfungen durchzuführen. Also: kein ELSEIF ohne vorhergehendes IF.

- **ausdruck** muß ein Ausdruck sein, der ein Ergebnis vom Typ LOGICAL liefert.

- Ist **ausdruck** wahr, so wird der auf THEN folgende Anweisungsblock ausgeführt. Andernfalls fährt das Programm hinter dem zur IF-Anweisung gehörenden ENDIF mit der Ausführung fort.

- Der Einsprung mittels GOTO in den auf ELSEIF folgenden Anweisungsblock ist nicht erlaubt.

5. MICROSOFT-FORTRAN-Anweisungen

Beispiel:

Dieses Programm prüft den Wert einer von der Tastatur eingelesenen Zahl und gibt das Ergebnis als Meldung auf dem Bildschirm aus.

Struktogramm

PROGRAM pruef		
INTEGER m		
WRITE(*,*)'Ganze Zahl eingeben'		
READ(*,*)m		
IF (m .LT. 1)		
—J—	—N—	
WRITE(*,*)'< 1'	IF (m .LT. 2)	
	—J—	—N—
	WRITE(*,*)'< 2'	WRITE(*,*)'>= 2'
STOP		
END		

Übersetzung

```
      PROGRAM pruef
      INTEGER m
      WRITE(*,*)'Ganze Zahl eingeben'
      READ(*,*) m
      IF (m .LT. 1) THEN
         WRITE(*,*)'< 1'
         ELSEIF(m .LT. 2) THEN
             WRITE(*,*) '< 2'
             ELSE
             WRITE(*,*) '>= 3'
      ENDIF
      STOP
      END
```

5. MICROSOFT-FORTRAN-Anweisungen

5.2.14 Die END-Anweisung

Syntax:

  END

Semantik:

  markiert das Ende einer Programmeinheit. In einer Unterprogramm-Einheit hat die END-Anweisung den gleichen Effekt wie die RETURN-Anweisung.

Bemerkungen:

- Die END-Anweisung kennzeichnet das physikalische Programmende. Das heißt, der FORTRAN-Compiler beendet bei einer END-Anweisung die Compilierung dieser Programmeinheit.

- Die END-Anweisung muß als letzte Anweisung in jeder FORTRAN-Programmeinheit stehen.

- Sie darf nicht in einer Fortsetzungs-Zeile stehen.

- Nach der END-Anweisung darf keine weitere Anweisung, außer SUBROUTINE, FUNCTION, BLOCKDATA, folgen.

5.2.15 Die ENDFILE-Anweisung

Syntax:

  ENDFILE (**einheit**)

Semantik:

  schreibt das Dateiende-Zeichen (^Z) in die mit **einheit** bezeichnete Datei.

5. MICROSOFT-FORTRAN-Anweisungen

Bemerkungen:

- **einheit** ist eine INTEGER-Variable oder Konstante.

- Die ENDFILE-Anweisung bewirkt bei Dateien mit direktem Zugriff, daß alle hinter dem Dateiendezeichen stehenden Sätze gelöscht werden.

Beispiel:

Dieses Programm legt eine Datei mit dem Namen TEST.DAT an, schreibt einen Satz in die Datei, kennzeichnet das Dateiende mit ^Z und schließt die Datei.

Struktogramm

PROGRAM bsp
REAL zahl
OPEN (10,FILE='test.dat',STATUS='new'
zahl = 2.71828
WRITE(10,format) zahl
ENDFILE(10)
CLOSE(10)
STOP
END

Übersetzung

```
      PROGRAM bsp
      REAL zahl
100   FORMAT(1F10.2)
      OPEN(10,FILE='test.dat',STATUS='new')
      zahl = 2.71828
      WRITE(10,100) zahl
      ENDFILE (10)
      CLOSE (10)
      STOP
      END
```

5.2.16 Die ENDIF-Anweisung

Syntax:

    ENDIF

Semantik:

   markiert das Ende einer Block-IF-Anweisung.

Bemerkungen:

- Zu jeder Block-IF-Anweisung muß eine zugehörige ENDIF-Anweisung stehen.

Beispiel:

   Ein kurzes Beispiel zeigt die Anwendung der ENDIF-Anweisung.

Struktogramm

PROGRAM block	
CHARACTER*30 name1,name2	
WRITE(*,*)'1. Namen eingeben'	
READ(*,format) name1	
WRITE(*,*)'2. Namen eingeben'	
READ(*,*) name2	
IF (name1 .EQ. name2)	
J	N
WRITE(*,*)'Gleiche Namen'	WRITE(*,*)'Ungleiche Namen'
STOP	
END	

Übersetzung

```
      PROGRAM block
      CHARACTER*30 name1,name2
100   FORMAT(A)
      WRITE(*,*)'1. Namen eingeben'
      READ(*,100) name1
      WRITE(*,*)'2. Namen eingeben'
      READ(*,100) name2
      IF(name1.EQ.name2) THEN
         WRITE(*,*) 'Gleiche Namen'
      ELSE
         WRITE(*,*) 'Ungleiche Namen'
      ENDIF
      STOP
      END
```

5.2.17 Die EQUIVALENCE-Anweisung

Syntax:

EQUIVALENCE (**varliste**)[,(**varliste**)]

Semantik:

bewirkt, daß die in **varliste** aufgeführten Variablen den gleichen Speicherbereich im Hauptspeicher nutzen.

Bemerkungen:

- **varliste** ist eine Folge von mindestens zwei Variablen oder Feldnamen, die mittels Kommata voneinander getrennt werden.

- Sollen Variable mit unterschiedlichem Speicherplatz-Bedarf den gleichen Speicherplatz nutzen, so beginnt die Darstellung der Variablen im Hauptspeicher mit dem gleichen Byte.

- Bei der Nutzung dieser Möglichkeit ist jedoch Vorsicht geboten, da mögliche Fehler vom Compiler nicht erkannt werden, und es so zu Programmabstürzen kommen kann.

5.2.18 Die EXTERNAL-Anweisung

Syntax:

EXTERNAL **name**[,**name**]

Semantik:

deklariert **name** als eine externe Programmeinheit.

Bemerkungen:

- **name** ist der Name einer FUNCTION oder SUBROUTINE, die in einem separaten Quelltext erstellt wurde.

- Ist **name** der Name einer INTRINSIC FUNCTION, so kann auf diese INTRINSIC FUNCTION nicht mehr zugegriffen werden. Man hat so die Möglichkeit, eine INTRINSIC FUNCTION durch externe Unterprogrammeinheiten gleichen Namens zu ersetzen.

5.2.19 Die FORMAT-Anweisung

Syntax:

anwnr FORMAT (**formatangabe**)

Semantik:

bestimmt in Verbindung mit der READ bzw. WRITE-Anweisung die Form in der Ein- bzw. Ausgaben zu erfolgen haben.

Bemerkungen:

- CHARACTER-Variable müssen immer formatiert eingelesen werden.

- **anwnr** ist eine FORTRAN-Anweisungsnummer.

- Es gibt wiederholbare und nicht wiederholbare Formatbezeichner. Soll ein wiederholbarer Formatbezeichner mehrfach hintereinander ausgeführt werden, so kann dies durch Angabe eines Wiederholungsfaktors geschehen.

- Besteht **formatangabe** aus mehreren Formatbezeichnern, so sind diese durch Kommata voneinander zu trennen.

- Soll eine Formatangabe, die aus mehr als einem Formatbezeichner besteht, wiederholt werden, so ist sie zu klammern (). Alle Formatbezeichner dieser Formatangabe müssen in diesem Fall wiederholbar seien. Der Wiederholungsfaktor ist eine vorzeichenfreie INTEGER-Konstante.

- Es sind maximal 3 Klammerebenen innerhalb einer Formatangabe zugelassen.

- Jede FORMAT-Anweisung muß mit einer Anweisungsnummer versehen sein. Mittels dieser Anweisungsnummer nimmt die zugehörende READ oder WRITE-Anweisung Bezug auf diese Formatangabe.

- Wichtige wiederholbare Formatbezeichner

    - [**n**]I**b**   INTEGER-Format
    - [**n**]F**b.d**   REAL-Format
    - [**n**]D**b.d**   DOUBLE PRECISION-Format
    - [**n**]L**b**   LOGICAL-Format
    - [**n**]A[**b**]   CHARACTER-Format

Erklärung der Abkürzungen:

n ist ein Wiederholungsfaktor für die direkt dahinter stehende FORMAT-Angabe.

b gibt die Breite der Ausgabespalte einschließlich des eventuell vorhandenen Vorzeichens sowie des Dezimalpunktes an. Ist die Spalte nicht breit genug, so erscheinen **b** Sterne (*******) in der Ausgabe. Wird bei CHARACTER-Formaten die Angabe von **b** weggelassen, ist die Ausgabespalte so breit wie die auszugebende Zeichenkette.

d gibt die Anzahl der Dezimalstellen an.

- Wichtige nicht wiederholbare Formatbezeichner

  - 'text'   Ausgabe einer Zeichen-Konstante.
  - **n**X   Positioniert auf **n**-te Spalte.
  - /   Erzeugt einen Zeilenvorschub.
  - \   Unterdrückt Zeilenvorschub.
  - +   Ermöglicht das Überschreiben der aktuellen Ausgabezeile.

Da das erste Zeichen einer auszugebenden Variablen als Vorschubsteuerzeichen interpretiert wird, muß bei der formatierten Ausgabe immer vor dem ersten Formatbezeichner, der sich auf eine CHARACTER-Variable bezieht, ein X stehen. Anderfalls fehlt von dieser Zeichenkette das erste Zeichen.

5. MICROSOFT-FORTRAN-Anweisungen

Beispiele:

1. Beispiel

Dieses Programm zeigt die Formatierung einer READ-Anweisung zum Einlesen einer beliebig langen CHARACTER-Variablen (maximal natürlich 127 Zeichen). Anschließend wird der Inhalt der Variablen formatiert ausgegeben. Zu beachten ist, daß hier zwei FORMAT-Anweisungen benötigt werden. Eine zum Lesen von der Tastatur, die andere für die Ausgabe. Das ist notwendig, da die FORMAT-Anweisung für die Ausgabe das Steuerzeichen 1X enthält, das bei der Eingabe einen Fehler erzeugen würde.

Struktogramm

PROGRAM form1
CHARACTER name*127
READ(*,format) name
WRITE(*,format) name
STOP
END

Übersetzung

```
        PROGRAM form1
        CHARACTER name*127
100     FORMAT (A)
200     FORMAT (1X,A)
        READ(*,100) name
        WRITE(*,200) name
        STOP
        END
```

2. Beispiel

Dieses Beispiel zeigt die formatierte Ausgabe von verschiedenen INTEGER- sowie REAL-Variablen. Dabei wird der Variablen a das FORMAT F9.4 und der Variablen b das FORMAT F5.1 zugeordnet. Für i und j ist das FORMAT 2I4 zuständig. Die Bildschirmausgabe ist weiter unten dargestellt. Dabei sind die zu jeder Variablen gehörenden Ausgabespalten in verschiedenen Graustufen markiert. Formatiertes Einlesen von arithmetischen Variablen ist nicht zu empfehlen. Der Anwender müsste sich bei der

5. MICROSOFT-FORTRAN-Anweisungen

Eingabe genau an das in der FORMAT-Anweisung beschriebene FORMAT halten.

Struktogramm

PROGRAM form2
REAL a,b
INTEGER i,j
DATA a/-23.5678/,b/2.3
DATA i/456/,j/12/
WRITE(*,format)a,b,i,j
STOP
END

Übersetzung

```
      PROGRAM form2
      REAL a,b
      INTEGER i,j
      DATA a/-23.5678/
      DATA b/2.3/
      DATA i/456/,j/12/
100   FORMAT(F9.4,F5.1,2I4
      WRITE(*,100)a,b,c,d
      STOP
      END
```

Bildschirmausgabe

```
 -23.5678  2.3 456  12

 1. Spalte           22. Spalte
```

3. Beispiel

Ein Programm soll von 1 bis 1000 zählen und den Zählerstand auf dem Bildschirm ausgeben. Dabei soll die Ausgabe immer an der gleichen Stelle des Bildschirms erfolgen (wie bei einem digitalen Zähler). Zu diesem Zweck wird das + Zeichen in die FORMAT-Angabe geschrieben.

Struktogramm

PROGRAM digit
INTEGER i
DO 100,i=1,1000,1
	WRITE(*,format) i	
STOP
END

Übersetzung

```
      PROGRAM digit
      INTEGER i
200   FORMAT('+',1I5)
      DO 100,i=1,1000,1
         WRITE(*,200)i
100   CONTINUE
      STOP
      END
```

5.2.20 Die FUNCTION-Anweisung

Syntax:

[**typ**]FUNCTION **name**([**fp1** [,**fp2**]...)

Semantik:

deklariert eine Programmeinheit als FUNCTION und bestimmt ihren Typ.

Bemerkungen:

- Wird **typ** nicht angegeben, so gelten die üblichen FORTRAN-Regeln zur Bestimmung des Typs (Anfangsbuchstabe). Soll **typ** explizit festgelegt werden (wir machen das immer), so kann eine der folgenden Angaben stehen:

- INTEGER
- INTEGER*2
- INTEGER*4
- REAL
- REAL*4
- REAL*8
- DOUBLE PRECISION
- LOGICAL
- LOGICAL*2
- LOGICAL*4
- CHARACTER
- CHARACTER*n
- COMPLEX
- COMPLEX*8
- COMPLEX*16

- **fp1, fp2** usw sind formalen Parameter. Sie müssen typ und positionsgleich wie in dem zugehörigen FUNCTION-Aufruf angegeben werden.

- Keiner der formalen Parameter sowie der FUNCTION-Name selbst dürfen in einer COMMON, DATA, EQUIVALENCE oder INTRINSIC-Anweisung vorkommen.

- Bei Aufruf der FUNCTION werden die in der Aufrufliste stehenden Variablen an die FUNCTION übergeben. Die FUNCTION bringt, nach ihrer Ausführung, mit ihrem Namen das Ergebnis der in der FUNCTION durchgeführten Berechnung zurück. Es kann in dem rufenden Ausdruck sofort weiterverwendet werden.

- FORTRAN läßt keine rekursiven FUNCTION-Aufrufe zu. Wenn Sie nicht wissen, was das ist, können Sie das in jedem besseren Pascal-Lehrbuch nachschlagen.

Beispiel:

FUNCTION-Unterprogramm zur Fakultätsberechnung

Struktogramm

PROGRAM func
INTEGER fak,n
WRITE(*,*)'Ganze positive Zahl eingeben'
READ(*,*) n
WRITE(*,*)'Fakultät von',n,' ist : ',fak(n)
STOP
END

INTEGER FUNCTION fak(i)
INTEGER i,zaehl
fak = 1
DO 10,zaehl=1,i,1
fak = fak * zaehl
RETURN
END

Übersetzung

```
      PROGRAM func
      INTEGER fak,n
      WRITE(*,*)'Ganze positive Zahl eingeben'
      READ(*,*) n
      WRITE(*,*)'Fakultät von',n,' ist : ',fak(n)
      STOP
      END
---------------------------------------------------
      INTEGER FUNCTION fak(i)
      INTEGER i,zaehl
      fak = 1
      DO 10,zaehl=1,i,1
          fak = fak * zaehl
10    CONTINUE
      RETURN
      END
```

5.2.21 Die zugeordnete (assigned) GOTO-Anweisung

Syntax:

GOTO **name**

Semantik:

Das Programm führt einen absoluten Sprung zu der zuletzt mit ASSIGN auf **name** zugewiesenen Anweisungsnummer durch.

Bemerkungen:

- **name** ist ein gültiger FORTRAN-Name vom Typ INTEGER.

- Es darf nur auf ausführbare Anweisungen gesprungen werden.

- Ein Sprung in DO, IF, THEN, ELSEIF oder ELSE-Blöcke ist nicht erlaubt.

5.2.22 Die berechnete GOTO-Anweisung

Syntax:

```
GOTO (anwnr1[,anwnr2]...),i
```

Semantik:

führt einen absoluten Sprung zur i-ten in der Liste aufgeführten **anwnr** durch.

Bemerkungen:

- **i** ist eine INTEGER-Variable.

- Ist **i** kleiner 1 oder größer als die Anzahl der in der Liste vorhandenen Anweisungsnummern, so wirkt die berechnete GOTO-Anweisung wie eine CONTINUE-Anweisung.

- Es gelten die gleichen Einschränkungen wie bei der zugeordneten GOTO-Anweisung.

Beispiel:

Das folgende Programm liest eine INTEGER-Zahl von der Tastatur und verzweigt dann, abhängig vom Wert der Zahl, zu einer der Anweisungsnummern. Dieses FORTRAN-Struktur ist im Struktogramm nicht darzustellen. Dennoch ein kurzes Programm, diesmal ohne Struktogramm.

```
      PROGRAM bsp
      INTEGER i
      READ(*,*) i
      GOTO (100,200,300) i
      WRITE(*,*)'Zahl ist ungleich 1 oder 2 oder 3'
      STOP
100   WRITE(*,*)'Zahl ist gleich 1'
      STOP
200   WRITE(*,*)'Zahl ist gleich 2'
      STOP
300   WRITE(*,*)'Zahl ist gleich 3'
      STOP
      END
```

5.2.23 Die absolute GOTO-Anweisung

Syntax:

GOTO **anwnr**

Semantik:

führt einen absoluten Sprung zu der mit **anwnr** gekennzeichneten Anweisung durch.

Bemerkungen:

- **anwnr** ist eine gültige Anweisungsnummer.

- Einschränkungen wie bei den anderen GOTO-Anweisungen.

Beispiele:

1. Beispiel

Das absolute GOTO in Verbindung mit der READ-Anweisung zur Nachbildung einer Einleseschleife-Schleife, in der Werte von der Tastatur gelesen werden. In der Schleife wird das Quadrat dieser Werte berechnet und auf dem Bildschirm ausgegeben. Die Schleife wird verlassen, wenn von der Tastatur ein ^Z gelesen wird.

5. MICROSOFT-FORTRAN-Anweisungen

Struktogramm

```
PROGRAM quadrat
REAL x
WHILE (*) not ^Z
    READ(*,*) x
    x = x ** 2
    WRITE(*,*)x
STOP
END
```

Übersetzung

```
        PROGRAM bsp
        REAL x
100     READ(*,*,END=200) x
        x = x * x
        WRITE(*,*) x
        GOTO 100
200     CONTINUE
        STOP
        END
```

2. Beispiel

Hier wird die Nachbildung einer WHILE-Schleife mit dem absoluten GOTO und der BLOCK-IF-Anweisung gezeigt. Die Schleife wird solange durchlaufen, bis von der Tastatur ein Wert kleiner 0 eingegeben wird.

Struktogramm

```
PROGRAM while
REAL x
DATA x/0/
WHILE x .GT. 0
    WRITE(*,*)'Bitte eine Zahl eingeben'
    WRITE(*,*)'0 beendet die Eingabe'
    READ(*,*) x
    WRITE(*,*)'Sie haben ',x,' eingegeben'
WRITE(*,*)'Dieeingegebene Zahl ist kleiner 0
WRITE(*,*)'Sie haben die Schleife verlassen'
STOP
END
```

Übersetzung

```
        PROGRAM while
        REAL x
        DATA x/0/
100     IF (x.GE.0) THEN
           WRITE(*,*)'Bitte eine Zahl eingeben'
           WRITE(*,*)'0 beendet die Eingabe'
           READ(*,*) x
           WRITE(*,*)'Sie haben ',x,' eingegeben'
           GOTO 100
        ENDIF
        WRITE(*,*)'Die eingegebene Zahl ist kleiner 0'
        WRITE(*,*)'Sie haben die Schleife verlassen'
        END
```

5.2.24 Die arithmetische IF-Anweisung

Syntax:

   IF(**ausdruck**) **anwnr1,anwnr2,anwnr3**

Semantik:

   berechnet **ausdruck** und führt in Abhängigkeit vom Ergebnis einen Sprung zu der mit **anwnr** gekennzeichneten Anweisung durch.

Bemerkungen:

- **ausdruck** ist ein arithmetischer Ausdruck.

- Ist das Ergebnis von **ausdruck** kleiner 0, so wird zu **anwnr1** gesprungen. Bei 0 wird zu **anwnr2** gesprungen, bei einem Ergebnis größer 0 wird **anwnr3** angesprungen.

- Vorsicht bei Ausdrücken vom Typ REAL. Hier kann, we-gen der eingeschränkten Rechengenauigkeit, ein Er-gebnis "rein mathematisch" gleich NULL sein. Der Rechner selbst kommt, wegen der Rechenungenauigkeit, nur auf einen Wert nahe bei NULL (z.B. Wurzel(9) - 3 muß für den Rechner noch lange nicht NULL sein).

- Bezüglich der Sprünge gelten die gleichen Einschränkungen wie bei den GOTO-Anweisungen.

Beispiel:

Ein Programm soll prüfen, ob die eingegebene INTEGER-Zahl um 6 vermindert 0 ergibt. Auch diese FORTRAN-Anweisung läßt sich nicht im Struktogramm darstellen; deshalb folgt nur der Programmtext.

```
        PROGRAM minus6
        INTEGER i
        READ(*,*) i
        IF (i - 6) 100,200,300
100     WRITE(*,*)'Zahl minus 6 ist kleiner 0'
        STOP
200     WRITE(*,*)'Zahl minus 6 ist gleich 0'
        STOP
300     WRITE(*,*)'Zahl minus 6 ist größer 0'
        STOP
        END
```

5.2.25 Die logische IF-Anweisung

Syntax:

IF(**ausdruck**) **anweisung**

Semantik:

Ist das Ergebnis von **ausdruck** .TRUE., so wird **anweisung** ausgeführt. Ist das Ergebnis .FALSE., verhält sich die IF-Anweisung wie eine CONTINUE-Anweisung.

5. MICROSOFT-FORTRAN-Anweisungen

Bemerkungen:

- **ausdruck** ist ein Ausdruck mit einem Ergebnis vom Typ LOGICAL.

- **anweisung** kann jede ausführbare Anweisung außer DO, IF, ELSEIF, ELSE oder END sein.

Beispiele:

1. Beispiel

Wenn die von der Tastatur eingelesene Zahl kleiner oder gleich NULL ist, soll das Programm beendet werden. Andernfalls soll die Wurzel der eingegebenen Zahl berechnet und angezeigt werden.

Struktogramm

PROGRAM ifstop	
REAL x,y	
WRITE(*,*)'Bitte eine Zahl eingeben'	
READ(*,*) x	
IF (x .LT. 0)	
—J— STOP	—N— y = x ** (1./2.)
	WRITE(*,*)y
STOP	
END	

Übersetzung

```
PROGRAM ifstop
REAL x,y
WRITE(*,*)'Bitte eine Zahl eingeben'
READ(*,*) x
IF (x.LT.0) STOP
y = x ** (1./2.)
WRITE(*,*) y
STOP
END
```

2. Beispiel

Hier wird die Nachbildung der REPEAT-Schleife mit der logischen IF-Anweisung und dem absoluten GOTO gezeigt. Die Schleife wird erst verlassen, wenn von der Tastatur das Zeichen 'A' (großes A) eingegeben wird.

Struktogramm

PROGRAM repeat
CHARACTER z*1
WRITE(*,*)'Bitte ein Zeichen eingeben'
WRITE(*,*)'A beendet die Schleife'
READ(*,format) z
WRITE(*,*)'Sie haben ',z,' eingegeben'
REPEAT UNTIL z .EQ. 'A'
WRITE(*,*)'Sie haben ein A eingegeben'
WRITE(*,*)'Die Schleife ist beendet'
STOP
END.

Übersetzung

```
      PROGRAM repeat
      CHARACTER z*1
100   FORMAT (A)
200   CONTINUE
       WRITE(*,*)'Bitte ein Zeichen eingeben'
       WRITE(*,*)'A beendet die Schleife
       READ(*,100) z
       WRITE(*,*)'Sie haben ',z,' eingegeben'
      IF (z. NE . 'A' GOTO 200
      WRITE(*,*)'Sie haben ein A eingegeben'
      WRITE(*,*)'Die Schleife ist beendet'
      STOP
      END
```

5.2.26 Die BLOCKIF-Anweisung

Syntax:

```
IF(ausdruck) THEN
        [anweisungen]
        ELSE
        [anweisungen]
ENDIF
```

Semantik:

verzweigt den Programmablauf in Abhängigkeit von **ausdruck**.

Bemerkungen:

- Ist das Ergebnis von **ausdruck** .TRUE., werden die Anweisungen nach THEN ausgeführt, bis ELSE erreicht wird. Dann werden die Anweisungen nach ENDIF ausgeführt.

- Ist das Ergebnis von **ausdruck** .FALSE., so werden die Anweisungen, die auf ELSE folgen, ausgeführt.

- **ausdruck** ist ein Ausdruck mit einem Ergebnis vom Typ LOGICAL.

- Statt ELSE kann auch eine Folge von ELSEIF-Anweisungen stehen.

- Ein ENDIF darf nur zur IF-Anweisung gehören, nicht zu einer ELSEIF-Anweisung.

Beispiel:

Dieses Programm soll unterscheiden, ob die eingelesene Zahl größer gleich 0 oder kleiner 0 ist.

Struktogramm

PROGRAM vergleich		
INTEGER i		
WRITE(*,*)'Bitte eine ganze Zahl eingeben'		
READ(*,*) i		
IF (i .LT. 0)		
J		N
WRITE(*,*)'Zahl < 0'		WRITE(*,*)'Zahl >= 0'
STOP		
END		

Übersetzung

```
        PROGRAM beisp
        INTEGER i
        WRITE(*,*)'Bitte eine ganze Zahl eingeben'
        READ(*,*) i
        IF (i.LT.0) THEN
                WRITE(*,*)'Zahl < Null'
            ELSE
                WRITE(*,*)'Zahl >= Null'
        ENDIF
        STOP
        END
```

5.2.27 Die IMPLICIT-Anweisung

Syntax:

IMPLICIT **typ**(**name**[,**name**]..)[,**typ**(**name**[,**name**]..)..]

oder

IMPLICIT **typ**(**a-z**[,**a-z**]..)[,**typ**(**a-z**[,**a-z**]..)..]

Semantik:

bestimmt die Typen von nichtdeklarierten Variablen, Konstanten oder Funktionen.

Bemerkungen:

- Für **typ** kann eine der folgenden Angaben benutzt werden:

    - INTEGER
    - INTEGER*2
    - INTEGER*4
    - REAL
    - REAL*4
    - REAL*8
    - DOUBLE PRECISION
    - LOGICAL
    - LOGICAL*2
    - LOGICAL*4
    - CHARACTER
    - CHARACTER*n
    - COMPLEX
    - COMPLEX*8
    - COMPLEX*16

- **name** ist ein FORTRAN-Name, dem dieser Typ zugeordnet wird.

- **a-z** ist eine Angabe, von welchem Buchstaben bis zu welchen Buchstaben dieser Typ gelten soll. Z.B. IMPLICIT real(a-h) bedeutet, daß alle Namen, die mit den Buchstaben a,b,c,d,e,f,g,h beginnen, vom Typ REAL sind.

- Die IMPLICIT-Anweisung wirkt nicht auf die Typen von INTRINSIC-FUNCTIONS.

- Die IMPLICIT-Anweisung muß vor allen anderen Spezifikations-Anweisungen stehen.

- In jeder Programmeinheit darf nur eine IMPLICIT-Anweisung stehen.

Beispiele:

1. Beispiel

Dieses Programm soll die Anwendung der INPLICIT-Anweisung verdeutlichen. Es legt fest, daß alle nicht explizit vereinbarten Namen vom Typ LOGICAL sind. Wird nun ein nicht vereinbarter Name in Verbindung mit einer arithmetischen Operation oder einer Operation vom Typ CHARACTER benutzt, meldet bereits der Compiler einen Fehler. Er erwartet im Zusammenhang mit diesem Namen eine logische Operation. Man kann auf diese Art logische Fehler, die durch die Verwendung nicht vereinbarter Namen entstehen, bereits vom Compiler feststellen lassen.

Struktogramm

PROGRAM test
IMPLICIT LOGICAL (a-z)
REAL x
INTEGER i
WRITE(*,*)'Bitte eine ganze Zahl eingeben'
READ(*,*)i
x = i ** (1./2.)
WRITE(*,*)'Quadratwurzel von ',i,' ist : ',x
STOP
END

5. MICROSOFT-FORTRAN-Anweisungen

Übersetzung

```
        PROGRAM test
        IMPLICIT LOGICAL (a-z)
        REAL x
        INTEGER i
        WRITE(*,*)'Bitte eine ganze Zahl eingeben'
        READ(*,*) i
        x = i ** (1./2.)
        WRITE(*,*)'Quadratwurzel von ',i,' ist : ',x
        END
```

2. Beispiel

Diesmal ganz ohne Programm.

IMPLICIT CHARACTER (A-F), REAL (G-H), COMPLEX (Z)

Legt fest, daß nicht vereinbarte Namen mit den Anfangsbuchstaben A-F vom Typ CHARACTER, Namen mit den Anfangsbuchstaben G-H vom Typ REAL, und Namen mit dem Anfangsbuchstaben Z vom Typ COMPLEX sind.

5.2.28 Die INQUIRE-Anweisung

Syntax:

INQUIRE (UNIT = **einheit**[,**bezeichner** = **variable**]...)

oder

INQUIRE(FILE = **name**[,**bezeichner** = **variable**]...)

Semantik:

bestimmt die Struktur einer mit **einheit** bezeichneten Einheit oder mit **name** bezeichneten Datei.

Bemerkungen:

- **einheit** ist die Nummer der zu prüfenden Einheit.
- **variable** ist eine Variable oder ein Feldelement.
- **name** ist der Name der zu prüfenden Datei.

- Für **bezeichner** können folgende Angaben stehen:

  - ERR = **anwnr**

    anwnr ist das Sprungziel zu dem verzweigt wird, wenn bei der Durchführung der INQUIRE-Anweisung ein Fehler auftrat.

  - EXIST = **logische variable**

    Besteht die Datei, die mittels der INQUIRE-Anweisung mit FILE= überprüft werden soll, so ist die logische Variable gleich .TRUE., andernfalls ist sie .FALSE. .

  - NAMED = **logische variable**

    Wurde die Datei, die mit UNIT= spezifiziert wurde mit einem Namen eröffnet, so ist die logische Variable .TRUE. , andernfalls ist sie .FALSE. .
    Ist eine Datei nicht mit einem Namen eröffnet worden, so handelt es sich um eine temporäre Datei, die vom Betriebssystem oder von einem Programm angelegt wurde.

  - IOSTAT = **integer variable**

    Die Variable ist gleich 0, wenn kein Fehler auftrat oder, wenn das Dateiende noch nicht erreicht ist. Die Variable enthält eine vom verwendeten Prozessor abhängige positive Zahl (Fehlernummer), wenn bei der Überprüfung ein Fehler gefunden wurde, oder eine negative Zahl, wenn das Dateiende erreicht ist.

  - OPENED = **logische variable**

    Bei der INQUIRE-Anweisung mit FILE= erhält die Variable den Wert .TRUE., wenn die Datei zu diesem Zeitpunkt geöffnet ist.
    Bei INQUIRE mit UNIT= ist die Variable .TRUE., wenn zu dieser Nummer irgendeine Datei zugeordnet ist.

- NUMBER = **integer variable**

    Ist der Datei keine Einheitennummer zugeordnet, so ist die Variable unbestimmt, andernfalls ist die Variable gleich der zu der Datei gehörenden Einheitennummer.

- NAME = **character variable**

    Bei INQUIRE mit UNIT= enthält die Variable, wenn zu der Einheitennummer eine mit Namen versehene Datei gehört, den Namen der Datei. Andernfalls ist die Variable unbestimmt.

- ACCESS = **character variable**

    Die Variable ist unbestimmt, wenn die zu prüfende Datei nicht besteht; andernfalls enthält die Variable die Art des Zugriffs (SEQUENTIAL oder DIRECT).

- SEQUENTIAL = **character variable**

    Die Variable enthält YES, wenn diese Datei sequentiell bearbeitet werden darf, NO, wenn nicht, oder UNKNOWN, wenn unbekannt.

- DIRECT = **character variable**

    Die Variable enthält YES, wenn diese Datei direkt bearbeitet werden darf, NO, wenn nicht, oder UNKNOWN, wenn unbekannt.

- FORM = **character variable**

    Die Variable enthält FORMATTED, wenn die Datei formatiert ist, und UNFORMATTED, wenn nicht.

- FORMATTED = **character variable**

    Die Variable enthält YES, wenn diese Datei formatiert bearbeitet werden darf, NO, wenn nicht, oder UNKNOWN, wenn unbekannt.

- UNFORMATTED = **character Variable**

  Die Variable enthält YES, wenn diese Datei unformatiert bearbeitet werden darf, NO, wenn nicht oder UNKNOWN, wenn unbekannt.

- RECL = **integer variable**

  Übergibt die Länge der Datensätze an die Variable, wenn die Datei für direkten Zugriff eröffnet wurde.

- NEXTREC = **integer variable**

  Die Variable enthält die Nummer des nächsten Satzes in einer Datei mit direktem Zugriff. Der erste Satz hat die Nummer 1.

- BLANK = **character variable**

  Die Variable enthält NULL, wenn der Formatbezeichner BN verwendet wurde oder ZERO, wenn der Formatbezeichner BZ verwendet worden ist.

5.2.29 Die INTRINSIC-Anweisung

Syntax:

INTRINSIC **name1**[,**name2**]....

Semantik:

vereinbart, daß die Programmeinheit, die mit **name** bezeichnet wird, eine INTRINSIC FUNCTION ist.

Bemerkungen:

- **name** ist der Name einer FUNCTION.

- Ein Name der in einer INTRINSIC-Anweisung vorkommt, darf nicht in einer EXTERNAL-Anweisung erscheinen.

5. MICROSOFT-FORTRAN-Anweisungen

- Jeder Name darf nur einmal in einer INTRINSIC-Anweisung vorkommen.

- Soll eine FUNCTION als formales Argument beim Aufruf eines Unterprogrammes übergeben werden, so muß sie als INTRINSIC vereinbart werden.

5.2.30 Die OPEN-Anweisung

Syntax:

OPEN(**einheit**[,FILE=**name**][,STATUS='**status**']
    [,ACCESS='**access**'] [,FORM='**format**']
    [,IOSTAT=**iocheck**][,RECL=**länge**][,ERR=**anwnr**])

Semantik:

verbindet eine Datei mit einer Einheitennummer.

Bemerkungen:

- **einheit** muß als erstes Argument in der OPEN-Liste stehen.

- **name** ist eine CHARACTER-Konstante oder Variable. Wird ein Name vergeben, so muß er an zweiter Stelle stehen. Wird kein Name vergeben, so wird diese Datei als temporäre Datei behandelt und gelöscht, wenn die angegebene Einheit geschlossen wird oder, wenn das Programm normal beendet wird.

- Wird für **name** ein Leerzeichen gesetzt (FILE=' '), so wird **name** zur Laufzeit des Programmes erfragt.

- Alle Argumente der OPEN-Liste, die auf FILE=**name** folgen, sind optional. Mit Ausnahme von **länge** und **iocheck** sind dies alles CHARACTER-Konstanten, die in Anführungsstrichen einzuschließen sind.

- **status** ist entweder OLD, wenn die Datei bereits besteht, oder 'NEW', wenn die Datei neu angelegt werden soll.

- Besteht bei der Eröffnung mit NEW bereits eine Datei gleichen Namens, so wird diese gelöscht. Wird **status** nicht angegeben, so wird OLD angenommen.

- **access** ist entweder SEQUENTIAL oder DIRECT. Wird **access** nicht angegeben, wird SEQUENTIAL angenommen.

- **format** ist entweder FORMATTED, UNFORMATTED oder BINARY. Wenn **access** gleich SEQUENTIAL ist, so ist FORMATTED voreingestellt. Bei **access** gleich DIRECT ist UNFORMATTED voreingestellt.

- **iocheck** ist eine INTEGER-Variable. Die Variable ist gleich 0, wenn kein Fehler auftrat oder, wenn das Dateiende noch nicht erreicht ist. Die Variable enthält eine vom verwendeten Prozessor abhängige positive Zahl (Fehlernummer), wenn bei der Überprüfung ein Fehler gefunden wurde, oder eine negative Zahl, wenn das Dateiende erreicht ist.

- **länge** ist ein INTEGER-Ausdruck, der die Länge eines Satzes in einer Datei mit direktem Zugriff angibt. Dieses Argument darf nur bei ACCESS='DIRECT' angegeben werden.

- **anwnr** gibt an, zu welcher Anweisungsnummer das Programm verzweigen soll, falls bei der OPEN-Anweisung ein Fehler auftrat.

- Zuweisung von 0 auf **einheit** hat keine Auswirkung. Einheit 0 ist fest mit der Console verbunden.

Beispiele:

1. Beispiel

In diesem Programm wird eine formatierte, sequentielle Datei mit der Einheitennummer 10 und dem Namen TEST.DAT neu eröffnet. Danach werden in einer Schleife REAL-Werte von der Tastatur eingelesen und auf die Datei geschrieben. Die Schleife mit ˆZ verlassen.

Struktogramm

PROGRAM schreib
REAL x
OPEN(10,FILE='test.dat',STATUS='new',   ACCESS='sequential',FORM='formatted')
WRITE(*,*)'Zahl eingeben Ende mit ˆZ'
WHILE (*) not ˆZ
READ(*,*) x
WRITE(10,format) x
WRITE(*,*)'Zahl eingeben Ende mit ˆZ'
ENDFILE(10)
CLOSE(10,STATUS='keep')
END

Übersetzung

```
      PROGRAM schreib
      REAL x
100   FORMAT (F10.4)
      OPEN(10,FILE='test.dat',STATUS='new',
     *     ACCESS='sequential',FORM='formatted')
      WRITE(*,*)'Zahl eingeben Ende mit ^Z'
200   READ(*,*,END=300) x
      WRITE(10,100) x
      WRITE(*,*)'Zahl eingeben Ende mit ^Z'
      GOTO 200
300   CONTINUE
      ENDFILE(10)
      CLOSE(10,STATUS='keep')
      STOP
      END
```

2. Beispiel

Dieses Programm öffnet die im 1. Beispiel erzeugte Datei TEST.DAT, liest den Inhalt satzweise aus und zeigt ihn auf dem Bildschirm an.

Struktogramm

PROGRAM lesen
REAL y
OPEN(10,FILE='test.dat',STATUS='old', ACCESS='sequential',FORM='formatted')
WHILE (10) not ^Z
READ(10,format) y
WRITE(*,10) y
CLOSE(10,STATUS='keep')
STOP
END

Mit der OPEN-Anweisung wird die Datei TEST.DAT als Einheit 10 geöffnet. Da die Datei bereits besteht wird der Parameter STATUS='old' benutzt. In der Schleife wird dann der Inhalt von TEST.DAT gelesen, bis das Dateiendezeichen ^Z erreicht ist. Durch den Parameter END=300 in der READ-Anweisung wird das Programm hinter der CONTINUE-Anweisung fortgesetzt. Mit der Anweisung CLOSE(10,STATUS='keep') wird die Einheit 10 geschlossen, die Datei TEST.DAT bleibt auf der Diskette bzw. Festplatte gespeichert.

Übersetzung

```
      PROGRAM lesen
      REAL y
100   FORMAT(F10.4)
      OPEN(10,FILE='test.dat',STATUS='old',
     *     ACCESS='sequential',FORM='formatted')
200   READ(10,100,END=300) y
      WRITE(*,100) y
      GOTO 200
300   CONTINUE
      CLOSE(10,STATUS='keep')
      STOP
      END
```

3. Beispiel

In diesem Beispiel wird eine formatierte, Direktzugriff-Datei mit dem Namen DIREKT.DAT, der Einheitennummer 9 und einer Satzlänge von 10 Zeichen neu eröffnet, mit 0.0 initialisiert und beschrieben.

Struktogramm

PROGRAM direct
INTEGER i,j
REAL y
OPEN(9,FILE='direkt.dat',STATUS='new',   ACCESS='direct',FORM='formatted',RECL=10)
DO 200,I=1,1000,1
WRITE(9,format,REC=i) 0.0
ENDFILE(9)
WRITE(*,*)'Welchen Satz? Ende mit ^Z'
WHILE (*) not ^Z
READ(*,*) j
WRITE(*,*)'Bitte eine Zahl eingeben '
READ(*,*) y
WRITE(9,format,REC=j) y
WRITE(*,*)'Welchen Satz? Ende mit ^Z'
CLOSE(9,STATUS='keep')
STOP
END

5. MICROSOFT-FORTRAN-Anweisungen

Übersetzung

```
      PROGRAM direct
      INTEGER i,j
      REAL y
100   FORMAT(F10.4)
      OPEN(9,FILE='direkt.dat',STATUS='new',
     *   ACCESS='direct',FORM='formatted',RECL=10)
C tausend sätze initialisieren
      DO 200,i=1,1000,1
         WRITE(9,100,REC=i) 0.0
200   CONTINUE
      ENDFILE(9)
C beginn normales beschreiben
      WRITE(*,*)'Welchen Satz? Ende mit ^Z'
300   READ(*,*,END=400) j
         WRITE(*,*)'Bitte eine Zahl eingeben'
         READ(*,*) y
         WRITE(9,100,REC=j) y
         WRITE(*,*)'Welchen Satz? Ende mit ^Z'
         GOTO 300
400   CONTINUE
      CLOSE(9,STATUS='keep')
      STOP
      END
```

5.2.31 Die PARAMETER-Anweisung

Syntax:

   PARAMETER (**kname** = **konst**[,**kname**=**konst**]...)

Semantik:

   gibt einem mit **konst** angegebenem Wert den symbolischen Namen **kname**.

Bemerkungen:

- **kname** und **konst** müssen vom gleichen Typ sein.

- **kname** kann nicht in Formatangaben oder als Konstante vom Typ COMPLEX benutzt werden.

Beispiel:

Einfaches Beispiel zur Anwendung der PARAMETER-Anweisung. In einem Programm soll die Kreiszahl 3,1416 mit dem symbolischen Namen pi angesprochen werden.

Struktogramm

PROGRAM flaeche
REAL pi,r,f
PARAMETER (pi=3.1416)
WRITE(*,*)'Bitte den Radius eingeben'
READ(*,*) r
f = r * r * pi
WRITE(*,*)'Kreisfläche : ',f
STOP
END

Übersetzung

```
PROGRAM flaeche
REAL pi,r,f
PARAMETER (pi=3.1416)
WRITE(*,*)'Bitte den Radius eingeben'
READ(*,*) r
f = r * r * pi
WRITE(*,*)'Kreisfläche : ',f
STOP
END
```

5.2.32 Die PAUSE-Anweisung

Syntax:

PAUSE [**n**]

Semantik:

versetzt ein Programm in einen Wartezustand, bis die Returntaste gedrückt wird.

5. MICROSOFT-FORTRAN-Anweisungen

Bemerkungen:

- **n** ist entweder eine CHARACTER-Konstante oder eine CHARACTER-Variable mit maximal 5 Zeichen.

- Erreicht das Programm die PAUSE-Anweisung, wird das Programm angehalten und falls **n** angegeben wurde, der String ausgegeben.

5.2.33 Die PROGRAM-Anweisung

Syntax:

PROGRAM **name**

Semantik:

bestimmt die folgende Programmeinheit als Hauptprogramm und gibt ihr den Namen **name**.

Bemerkungen:

- Der Programmname ist ein globaler Name. Er darf in keiner Programmeinheit erneut vorkommen.
  Ist PROGRAM nicht gegeben worden, so wird für **name** MAIN angenommen.

Beispiel:

PROGRAM **fak**

Vereinbart, daß die folgende Programmeinheit ein Hauptprogramm mit dem Namen **fak** ist.

5.2.34 Die READ-Anweisung

Syntax:

```
READ(einheit[,format][,IOSTAT=iocheck][,REC=satznr]
    [,END=anwnr1][,ERR=anwnr2]) varliste
```

Semantik:

weist den Rechner an, Daten von der mit **einheit** angegebenen Einheit in den Hauptspeicher zu übertragen.

Bemerkungen:

- **einheit** ist eine notwendige Angabe. Sie muß an erster Stelle stehen. Wird von der Tastatur gelesen, so ist **einheit** = 0 oder *.

- **format** muß, wenn es angegeben wird, an zweiter Stelle stehen.

- **iocheck** ist eine INTEGER-Variable. Die Variable ist gleich 0, wenn kein Fehler auftrat oder wenn das Eingabeende noch nicht erreicht ist. Die Variable enthält eine vom verwendeten Prozessor abhängige positive Zahl (Fehlernummer), wenn bei der Überprüfung ein Fehler gefunden wurde oder eine negative Zahl, wenn das Eingabeende erreicht ist.

- **satznr** ist eine INTEGER-Variable oder Konstante. Sie darf nur bei Dateien mit direktem Zugriff vergeben werden. Sie gibt an, auf welchen Satz der Direktzugriffsdatei zugegriffen werden soll. Wird sie nicht angegeben, so wird die Direktzugriffsdatei sequentiell bearbeitet.

- **anwnr1** ist das Sprungziel, wenn beim Lesen aus einer Datei das Dateiende (ˆZ), beim Lesen von der Tastatur das Eingabeende (ˆZ) erkannt wurde. Falls nicht angegeben, resultieren Fehler in einer Laufzeitfehlermeldung.

- **anwnr2** ist das Sprungziel, wenn beim Lesen eine Fehlerbedingung erkannt wurde. Falls nicht angegeben, resultieren Fehler in einer Laufzeitfehlermeldung.

- **varliste** ist eine Liste von Variablen auf die durch die READ-Anweisung Daten übertragen werden sollen.

Beispiele:

1. Beispiel
Dieses Programm legt ein Telefonverzeichnis an. Dazu werden die benötigten Angaben wie Name, Vorname, Straße, Postleitzahl, Wohnort und Telefonnummer von der Tastatur eingelesen. Diese Angaben werden dann mit einer WRITE-Anweisung als Datensatz auf die Datei TELE.DAT geschrieben. Die Eingabe kann durch ˆZ abgebrochen werden.

Struktogramm

PROGRAM teleein
CHARACTER name*15,vname*10,str*15
CHARACTER plz*4,ort*20,tele*15
OPEN(10,FILE='tele.dat',STATUS='new')
WHILE (*) not ˆZ
WRITE(*,format)'Name ==> '
READ(*,format) name
WRITE(*,format)'Vorname ==> '
READ(*,format) vname
WRITE(*,format)'Straße ==> '
READ(*,format) str
WRITE(*,format)'PLZ ==> '
READ(*,format) plz
WRITE(*,format)'Ort ==> '
READ(*,format) ort
WRITE(*,format)'Telefon ==> '
READ(*,format) tele
WRITE(10,format) name,vname,str,plz,ort,tele
ENDFILE(10)
CLOSE(10)
STOP
END

Übersetzung

```
      PROGRAM teleein
      CHARACTER name*15,vname*10,str*15,plz*4,ort*20
      CHARACTER tele*15
      OPEN(10,FILE='tele.dat',STATUS='new'
100   FORMAT(A)
200   FORMAT(1X,A,\)
300   FORMAT(A15,A10,A15,A4,A20,A15)
C beginn einleseschleife
400   CONTINUE
      WRITE(*,200)'Name     ==> '
      READ(*,100,END=500) name
      WRITE(*,200)'Vorname  ==> '
      READ(*,100) vname
      WRITE(*,200)'Straße   ==> '
      READ(*,100) str
      WRITE(*,200)'PLZ      ==> '
      READ(*,100) plz
      WRITE(*,200)'Wohnort  ==> '
      READ(*,100) ort
      WRITE(*,200)'Telefon  ==> '
      READ(*,100) tele
C     datensatz wird auf datei geschrieben
      WRITE(10,300) name,vname,str,plz,ort,tele
      GOTO 400
500   CONTINUE
C ende einleseschleife
      ENDFILE(10)
      CLOSE(10)
      STOP
      END
```

2. Beispiel

Dieses Programm liest die im 1. Beispiel erstellte Datei TELE.DAT aus und zeigt den Inhalt auf dem Bildschirm an. Wichtig ist, daß zum Auslesen die gleiche Formatierungsangabe wie beim Schreiben benutzt wird.

Struktogramm

PROGRAM teleaus
CHARACTER name*15,vname*10,str*15
CHARACTER plz*4,ort*20,tele*15
OPEN(10,FILE='tele.dat',STATUS='old')
WHILE (10) not ˆZ
READ (10,format) name,vname,str,plz,ort,tele
WRITE (*,format) name,vname,str,plz,ort,tele
CLOSE(10)
STOP
END

Übersetzung

```
      PROGRAM teleaus
      CHARACTER name*15,vname*10,str*15,plz*4,ort*20
      CHARACTER tele*15
      OPEN(9,FILE='tele.dat',STATUS='old'
100   FORMAT(A15,A10,A15,A4,A20,A15)
200   FORMAT(1X,A15,A10,A15,A4,A20,A15)
C beginn ausleseschleife
400   READ(9,100,END=500)name,vname,str,plz,ort,tele
      WRITE (*,200) name,vname,str,plz,ort,tele
      GOTO 400
500   CONTINUE
C ende ausleseschleife
      CLOSE(10)
      STOP
      END
```

5.2.35 Die RETURN-Anweisung

Syntax:

RETURN [**positionsangabe**]

Semantik:

gibt die Kontrolle des Programmablaufs aus einem Unterprogramm an die rufende Programmeinheit zurück.

Bemerkungen:

- RETURN ist nur in einer FUNCTION oder SUBROUTINE zulässig.

- **positionsangabe** gibt die Position einer alternativen Return-Angabe in der Liste der formalen Parameter an. Alternative RETURN-Angaben werden hier nicht weiter behandelt.

5.2.36 Die REWIND-Anweisung

Syntax:

REWIND **einheit**

Semantik:

positioniert eine mit **einheit** angesprochene sequentielle Datei auf den ersten Satz.

Bemerkungen:

- Steht die Datei bereits auf dem ersten Satz, so hat die REWIND-Anweisung keine Wirkung.

Beispiel:

In dem folgenden Programm wird eine Adressdatei mit dem Name ADRESS.DAT angelegt. Nachdem der letzte Datensatz eingegeben wurde, wird die Datei mit REWIND zurückgesetzt, zur Kontrolle ausgelesen und auf dem Bildschirm angezeigt.

Struktogramm

PROGRAM adress
CHARACTER*15 name,vname,str,plz,ort
OPEN(5,FILE='adress.dat',STATUS='new')
WHILE (*) not ˆZ
WRITE(*,format)'Name ==> '
READ(*,format) name
WRITE(*,format)'Vorname ==> '
READ(*,format) vname
WRITE(*,format)'Straße ==> '
READ(*,format) str
WRITE(*,format)'PLZ ==> '
READ(*,format) plz
WRITE(*,format)'Ort ==> '
READ(*,format) ort
WRITE(5,format) name,vname,str,plz,ort
ENDFILE(5)
REWIND(5)
WHILE (5) not ˆZ
READ(5,format) name,vname,str,plz,ort
WRITE(*,format) name,vname,str,plz,ort
CLOSE(10)
STOP
END

Übersetzung

```
        PROGRAM adress
        CHARACTER*15 name,vname,str,plz,ort
        OPEN(5,FILE='adress.dat',STATUS='new'
100     FORMAT(A)
200     FORMAT(1X,A,\)
300     FORMAT(5A15)
400     FORMAT(1X,5A15)
C beginn einleseschleife
500     CONTINUE
            WRITE(*,200)'Name     ==> '
            READ(*,100,END=600) name
            WRITE(*,200)'Vorname ==> '
            READ(*,100) vname
            WRITE(*,200)'Straße  ==> '
            READ(*,100) str
            WRITE(*,200)'PLZ      ==> '
            READ(*,100) plz
            WRITE(*,200)'Wohnort ==> '
            READ(*,100) ort
C           datensatz wird auf datei geschrieben
            WRITE(5,300) name,vname,str,plz,ort
            GOTO 500
600     CONTINUE
C ende einleseschleife
        ENDFILE(5)
        REWIND(5)
C beginn ausleseschleife
700     READ(5,300,END=800) name,vname,str,plz,ort
            WRITE(*,400) name,vname,str,plz,ort
            GOTO 700
800     CONTINUE
C ende ausleseschleife
        CLOSE(5)
        STOP
        END
```

5.2.37 Die Statement-FUNCTION-Anweisung

Syntax:

name([fp1[,fp2]...]) = ausdruck

Semantik:

definiert eine FUNCTION in einer einzigen Anweisung. Sie muß nach allen Spezifikations-Anweisungen und vor allen ausführbaren Anweisungen stehen.

Bemerkungen:

- **name** ist der Name der FUNCTION.

- **fp1**, **fp2**,... sind formale Parameter.

- **ausdruck** ist eine Formel die angibt, was die FUNCTION berechnen soll.

- Eine Statement-FUNCTION ist nur in der Programm-Einheit aufrufbar, in der sie definiert (geschrieben) wurde.

- Eine Statement-FUNCTION darf nicht vom Typ CHARACTER sein.

5.2.38 Die STOP-Anweisung

Syntax:

STOP [**n**]

Semantik:

Logisches Programmende.

Bemerkungen:

- Die STOP-Anweisung kennzeichnet das logische Programmende.

- **n** ist entweder eine CHARACTER-Konstante oder eine CHARACTER-Variable mit maximal 5 Zeichen.

- Erreicht das Programm die STOP-Anweisung, wird das Programm beendet und, falls **n** angegeben wurde, der String ausgegeben.

5.2.39 Die SUBROUTINE-Anweisung

Syntax:

SUBROUTINE **name** [([**ap1**[,**ap2**]....])]

Semantik:

bestimmt die folgende Programmeinheit als Unterprogramm vom Typ SUBROUTINE, gibt ihr einen Namen und definiert die formalen Parameter des Unterprogramms.

Bemerkungen:

- **ap1, ap2,**... sind formale Parameter.

- **name** ist der Name des Unterprogramms.

- Die formalen Parameter dürfen nicht in einer COMMON, DATA, EQUIVALENCE oder INTRINSIC-Anweisung vorkommen.

- Die formalen Parameter müssen mit den aktuellen Parametern in der CALL-Anweisung in Typ, Reihenfolge und Anzahl übereinstimmen.

Beispiel:

Das folgende Programm zur Kugelberechnung besteht aus drei Programmeinheiten, aus dem Hauptprogramm sowie aus zwei Unterprogrammen vom Typ SUBROUTINE, die die Oberfläche bzw. das Volumen berechnen. Hier wird auch gezeigt, daß Variablennamen in verschiedenen Programmeinheiten gleich sein können, da sie nur lokal bekannt sind.

5. MICROSOFT-FORTRAN-Anweisungen

Struktogramme

PROGRAM kugel
REAL pi,r,o,v
PARAMETER (pi=3.1416)
WRITE(*,*)'Radius eingeben'
READ(*,*) r
CALL ober(r,o,pi)
CALL vol(r,v,pi)
WRITE(*,*)r,o,v
STOP
END

SUBROUTINE ober(a,b,c)
REAL a,b,c
b = 4 * c * a ** 3
RETURN
END

SUBROUTINE vol(a,b,c)
REAL a,b,c
b =4./3.*c*a* 3
RETURN
END

Übersetzung

```
      PROGRAM kugel
      REAL pi,r,o,v
      PARAMETER (pi=3.1416)
      WRITE(*,*) 'Radius eingeben'
      READ(*,*) r
      CALL ober(r,o,pi)
      CALL vol(r,v,pi)
      WRITE(*,*)'R ',r,'Oberfläche ',o,'Volumen ',v
      STOP
      END
------------------------------------------------------
      SUBROUTINE ober(a,b,c)
      REAL a,b,c
      b = 4 * c * a ** 3
      RETURN
      END
------------------------------------------------------
      SUBROUTINE vol(a,b,c)
      REAL a,b,c
      b = 4. / 3. * c * a ** 3
      RETURN
      END
```

5.2.40 Die Typ-Anweisung

Syntax:

typ name1[,name2]....

Semantik:

bestimmt den Typ der angegebenen Namen.

Bemerkungen:

- Für **typ** kann eine der folgenden Angaben benutzt werden:

    - INTEGER
    - INTEGER*2
    - INTEGER*4
    - REAL
    - REAL*4
    - REAL*8
    - DOUBLE PRECISION
    - LOGICAL
    - LOGICAL*2
    - LOGICAL*4
    - CHARACTER
    - CHARACTER*n
    - COMPLEX
    - COMPLEX*8
    - COMPLEX*16

- **name** ist der Name einer Variablen, einer Konstanten, eines Feldes oder einer Statement-FUNCTION.

- Bei CHARACTER-Variablen kann **mit n** die Anzahl der abzuspeichernden Zeichen bestimmt werden, **n** darf Werte zwischen 1 und 127 annehmen; **n** = 1 ist voreingestellt.

5.2.41 Die WRITE-Anweisung

Syntax:

   WRITE(**einheit**[,FORMAT='**format**'][,IOSTAT=**iocheck**]
   [,ERR=**anwnr**][,REC=**satznr**]) **varliste**

Semantik:

   weist den Rechner an, Daten vom Hauptspeicher an die mit **einheit** angegebene Einheit zu übertragen.

Bemerkungen:

- **einheit** ist eine notwendige Angabe. Sie muß an erster Stelle stehen. Für den Bildschirm ist die Einheitennummer die 0. Statt 0 kann auch ein * stehen.

- **format** muß, wenn angegeben, an zweiter Stelle stehen.

- **iocheck** ist eine INTEGER-Variable. Die Variable ist gleich 0, wenn kein Fehler auftrat oder, wenn das Dateiende noch nicht erreicht ist. Die Variable enthält eine vom verwendeten Prozessor abhängige positive Zahl (Fehlernummer), wenn bei der Überprüfung ein Fehler gefunden wurde, oder eine negative Zahl, wenn das Dateiende erreicht ist.

5. MICROSOFT-FORTRAN-Anweisungen

- **satznr** ist eine INTEGER-Variable oder Konstante. Sie darf nur bei Dateien mit direktem Zugriff vergeben werden. Sie gibt an, auf welchen Satz der Direktzugriffsdatei zugegriffen werden soll. Wird sie nicht angegeben, so wird die Direktzugriffsdatei sequentiell bearbeitet.

- **anwnr** ist das Sprungziel, wenn beim Schreiben eine Fehlerbedingung erkannt wurde. Falls nicht angegeben, resultieren Fehler in einer Laufzeitfehlermeldung.

- **varliste** ist eine Liste von zu übertragenden Variablen, Konstanten oder Konstantennamen, die mit Kommata voneinander abgetrennt sind.

Beispiel:

Das folgende Programm berechnet die Wurzel und das Quadrat der Zahlen von 1 bis 100. Die Ausgabe der Werte auf dem Bildschirm erfolgt formatiert.

Struktogramm

```
PROGRAM zahlen
INTEGER i
REAL w,q
DO 200,i=1,100,1
    q = i ** 2
    w = i ** (1. / 2.)
    WRITE(*,format)i,q,w
STOP
END
```

Übersetzung

```
      PROGRAM zahlen
      INTEGER i
      REAL w,q
100   FORMAT(I5,F10.0,F10.4)
      DO 200,i=1,100,1
         q = i ** 2
         w = i ** (1. / 2.)
         WRITE(*,100)i,q,w
200   CONTINUE
      STOP
      END
```

6. INTRINSIC FUNCTIONS

FORTRAN verfügt über eine ganze Reihe von eingebauten Funktionen, man sie INTRINSIC-FUNCTIONS. Diese sind aufgeteilt in mathematische Bibliotheksfunktionen und mathematische Einbaufunktionen. Die Bibliotheksfunktionen enthalten einen kompletten Satz von Winkelfunktionen, die Einbaufunktionen setzen sich aus Funktionen mit unterschiedlichen Aufgaben zusammen

6.1 Bibliotheksfunktionen

6.2 Die Bibliotheksfunktionen stellen einen kompletten Satz von Winkelfunktionen zur Verfügung, daneben stehen noch die e-Funktion, verschiedene ln-Funktionen und Wurzel-Funktionen zur Verfügung. Einige Funktionen sind als REAL-, DOUBLE PRECISION-, und COMPLEX-Typ aufrufbar, die Unterscheidung welcher Typ verwendet wird ist von einem Zeichen abhängig, das dem FUNCTION-Namen vorausgestellt ist. Dabei steht für REAL kein Zeichen, für DOUBLE PRECISION ein D und für COMPLEX ein C.
Der Typ des Parameters und der FUNCTION müssen immer gleich sein. Das bedeutet, für REAL-Parameter muß der REAL-Typ der FUNCTION benutzt werden, für DOUBLE PRECISION-Parameter der DOUBLE PRECISION-Typ usw. In einem Fall wird davon abgewichen, darauf wird dann speziell hingewiesen.

Verwendete Abkürzungen:

- *R für REAL*
- *DP für DOUBLE PRECISION*
- *C für COMPLEX*

6.1.1 Sinus

Syntax:

SIN (**parameter**)

Semantik:

berechnet den Sinus von **parameter** im Bogenmaß

Bemerkungen:

- Die Typen für **parameter** und FUNCTION-Typ sind R, DP, C

6.1.2 Cosinus

Syntax:

COS (**parameter**)

Semantik:

berechnet den Cosinus von **parameter** im Bogenmaß

Bemerkungen:

- Die Typen für **parameter** und FUNCTION-Typ sind R, DP, C

6.1.3 Tangens

Syntax:

  TAN (parameter)

Semantik:

  berechnet den Tangens von parameter im Bogenmaß

Bemerkungen:

- Die Typen für **parameter** und FUNCTION-Typ sind R, DP, C

6.1.4 Cotangens

Syntax:

  COTAN (parameter)

Semantik:

  berechnet den Cotangens von parameter im Bogenmaß

Bemerkungen:

- Es steht nur der REAL-Typ zur Verfügung

6.1.5 Arcus-Sinus

Syntax:

  ASIN (parameter)

Semantik:

  berechnet die Umkehrfunktion von Sinus im Bogenmaß

Bemerkungen:

- mögliche Typen sind R, DP

6.1.6 Arcus-Cosinus

Syntax:

ACOS (parameter)

Semantik:

berechnet die Umkehrfunktion von Cosinus im Bogenmaß

Bemerkungen:

- mögliche Typen sind hier R, DP

6.1.7 Arcus-Tangens

Syntax:

ATAN (parameter)

Semantik:

berechnet die Umkehrfunktion von Tangens im Bogenmaß

Bemerkungen:

- Die Typen für parameter und FUNKTION-Typ sind R, DP

6.1.8 Sinus-Hyperbolikus

Syntax:

SINH (parameter)

Semantik:

berechnet den Sinushyperbolikus von parameter

Bemerkungen

- mögliche Typen sind R, DP, C

6.1.9 Cosinus-Hyperbolikus

Syntax:

COSH (parameter)

Semantik:

berechnet den Cosinus-Hyperbolikus von parameter

Bemerkungen:

- mögliche Typen sind R, DP, C

6.1.10 Tangens-Hyperbolikus

Syntax:

TANH (parameter)

Semantik:

berechnet den Tangen-Hyperbolikus von parameter

Bemerkungen:

- mögliche Typen sind R, DP, C

6.1.11 e-Funktion

Syntax

EXP (parameter)

Semantik:

berechnet den Wert der e-Funktion für parameter

Bemerkungen:

- mögliche Typen sind R, DP, C

6. INTRINSIC FUNCTIONS

6.1.12 Logarithmus zur Basis e

Syntax:

```
ALOG (parameter)
```

Semantik:

berechnet den natürlichen Logarithmus von parameter

Bemerkungen:

- ALOG ist der REAL-Typ, der DP-Typ wird DLOG geschrieben, der C-Typ ist CLOG.

6.1.13 Logarithmus zur Basis 10

Syntax:

```
ALOG10 (parameter)
```

Semantik:

berechnet den Zehner-Logarithmus von parameter

Bemerkungen:

- ALOG10 ist der REAL-Typ, der DP-Typ heißt DLOG10.

6.1.14 Quadratwurzel

Syntax:

```
SQRT (parameter)
```

Semantik:

berechnet die Quadratwurzel von parameter

Bemerkungen:

- mögliche Typen sind R, DP, C

6.1.15 Kubikwurzel

Syntax:

   CBRT (parameter)

Semantik:

   berechnet die 3. Wurzel von parameter

Bemerkungen:

- mögliche Typen sind R, DP, C

6.1.16 Absolutwert einer complexen Zahl

Syntax:

   CABS (parameter)

Semantik:

   berechnet den Absolutwert von parameter

Bemerkungen:

parameter muß vom Typ COMPLEX sein, der Typ der Funktion ist REAL

6.2 Einbaufunktionen

Die Einbaufunktionen stellen weitere mathematische Funktionen dar, die verschiedenen Zwecken dienen. Typ der Funktion und der oder die Typen der Parameter müssen nicht übereinstimmen. Bei jeder Funktion ist gesondert beschrieben welche Typen verwendet werden dürfen.

6.2.1 Absolutwert

Syntax:

ABS (**parameter**)

Semantik:

liefert, wenn **parameter** negetiv ist den posiven Wert.

Bemerkungen:

- Der Typ von parameter und der FUNCTION-Typ müssen gleich sein.

- ABS ist vom Typ REAL

- Für INTEGER-Werte steht die FUNCTION IABS zur Verfügung.

- Für DOUBLE PRECISION wird die FUNCTION DABS verwendet.

6.2.2 Integer

6.2.2.1 INT

Syntax:

INT (parameter)

Semantik:

bestimmt den ganzzahligen Anteil von parameter

Bemerkungen:

- parameter ist vom Typ REAL

- Der FUNCTION-Typ ist INTEGER

6.2.2.2 AINT

Syntax:

AINT (parameter)

Semantik:

bestimmt den ganzzahligen Anteil von parameter

Bemerkungen:

- parameter und FUNCTION sind vom Typ REAL.

6.2.2.3 IDINT

Syntax:

IDINT (parameter)

Semantik:

bestimmt den ganzzahligen Anteil von parameter

Bemerkungen:

- Parameter ist vom Typ DOUBLE PRECISION.

- Die FUNCTION ist von Typ INTEGER

6.2.2.4 DINT

Syntax:

DINT (parameter)

Semantik:

bestimmt den ganzzahligen Anteil von parameter

Bemerkungen:

- parameter und FUNCTION sind vom Typ DOUBLE PRECISION

6.2.3 Teilbarkeit

Syntax:

MOD (parameter1,parameter2)

Semantik:

berechnet den Rest bei der Division von parameter1 / parameter2

Bemerkungen:

- Bei MOD sind die Parameter sowie die FUNCTION vom Typ INTEGER.

- Bei REAL-Typen wird die FUNCTION AMOD verwendet.

- Für DOUBLE PRECISION steht die FUNCTION DMOD zur Verfügung.

6.2.4 Maximales Element

6.2.4.1 AMAX0

   Syntax:

   AMAX0 (param1,param2[,param3]...)

   Semantik:

   Ermittlung des größten der in der Liste aufgeführten Parameter

   Bemerkungen:

   - Die Parameter sind vom Typ INTEGER.

   - Die FUNCTION ist vom Typ REAL.

6.2.4.2 AMAX1

   Syntax:

   AMAX1 (param1,param2[,param3]...)

   Semantik:

   Ermittlung des größten der in der Liste aufgeführten Parameter

   Bemerkungen:

   - Parameter und FUNCTION sind vom Typ REAL.

6.2.4.3 MAX0

   Syntax:

   MAX0 (param1,param2[,param3]...)

Semantik:

Ermittlung des größten der in der Liste aufgeführten Parameter

Bemerkungen:

- Parameter und FUNCTION sind vom Typ INTEGER.

6.2.4.4 MAX1

Syntax:

MAX1 (param1,param2[,param3]...)

Semantik:

Ermittlung des größten der in der Liste aufgeführten Parameter

Bemerkungen:

- Die Parameter sind vom Typ REAL.
- Die FUNCTION ist vom Typ INTEGER.

6.2.4.5 DMAX1

Syntax:

MAX1 (param1,param2[,param3]...)

Semantik:

Ermittlung des größten der in der Liste aufgeführten Parameter

Bemerkungen:

- Parameter und FUNCTION sind vom Typ DOUBLE PRECISION.

6.2.5 Minimales Element

6.2.5.1 AMIN0

Syntax:

AMIN0 (param1,param2[,param3]...)

Semantik:

Ermittlung des kleinsten der in der Liste aufgeführten Parameter

Bemerkungen:

- Die Parameter sind vom Typ INTEGER.

- Die FUNCTION ist vom Typ REAL.

6.2.5.2 AMIN1

Syntax:

AMIN1 (param1,param2[,param3]...)

Semantik:

Ermittlung des kleinsten der in der Liste aufgeführten Parameter

Bemerkungen:

- Parameter und FUNCTION sind vom Typ REAL.

6.2.5.3 MIN0

Syntax:

MIN0 (param1,param2[,param3]...)

Semantik:

Ermittlung des kleinsten der in der Liste aufgeführten Parameter

Bemerkungen:

- Parameter und FUNCTION sind vom Typ INTEGER.

6.2.5.4 MIN1

Syntax:

MIN1 (param1,param2[,param3]...)

Semantik:

Ermittlung des kleinsten der in der Liste aufgeführten Parameter

Bemerkungen:

- Die Parameter sind vom Typ REAL.
- Die FUNCTION ist vom Typ INTEGER.

6.2.5.5 DMIN1

Syntax:

MIN1 (param1,param2[,param3]...)

Semantik:

Ermittlung des kleinsten der in der Liste aufgeführten Parameter

6. INTRINSIC FUNCTIONS

Bemerkungen:

- Parameter und FUNCTION sind vom Typ DOUBLE PRECISION.

6.2.6 Typ-Umwandlungen

6.2.6.1 Integer-Real-Umwandlung

Syntax:

FLOAT (parameter)

Semantik:

Wandelt INTEGER in REAL um

Bemerkungen:

- parameter ist vom Typ INTEGER.
- Die FUNCTION ist von Typ REAL.

6.2.6.2 Real-Integer-Umwandlung

Syntax:

IFIX (parameter)

Semantik:

Wandelt REAL in INTEGER um

Bemerkungen:

- parameter ist vom Typ REAL.
- Die FUNCTION ist von Typ INTEGER.

6. INTRINSIC FUNCTIONS

6.2.6.3 Real-Double Precision-Umwandlung

Syntax:

    DBLE (parameter)

Semantik:

    Wandelt REAL in DOUBLE PRECISION um

Bemerkungen:

- parameter ist vom Typ REAL.
- Die FUNCTION ist von Typ DOUBLE PRECISION.

6.2.6.4 Double Precision-Real-Umwandlung

Syntax:

    SNGL (parameter)

Semantik:

    wandelt DOUBLE PRECISION in REAL um

Bemerkungen:

- parameter ist vom Typ DOUBLE PRECISION.
- Die FUNCTION ist von Typ REAL.

6.2.6.5 Real-Complex-Umwandlung

Syntax:

    CMPLX (parameter1,parameter2)

Semantik:

    wandelt 2 REAL-Parameter in einen COMPLEX-Wert um

Bemerkungen:

- Die Parameter sind vom Typ REAL.
- Die FUNCTION ist von Typ COMPLEX.

6.2.6.6 Realteil-Ermittlung

Syntax:

REAL (parameter)

Semantik:

ermittelt den Realteil eines complexen Wertes

Bemerkungen:

- parameter ist vom Typ COMPLEX.
- Die FUNCTION ist von Typ REAL.

6.2.6.7 Imaginärteil-Ermittlung

Syntax:

AIMAG (parameter)

Semantik:

ermittelt den Imaginärteil eines complexen Wertes

Bemerkungen:

- parameter ist vom Typ COMPLEX.
- Die FUNCTION ist von Typ REAL.

6. INTRINSIC FUNCTIONS

6.2.6.8 Conjugiert-complex-Umwandlung

Syntax:

```
CONJ (parameter)
```

Semantik:

ermittelt den conjugiert complexen Wert einer complexen Größe

Bemerkungen:

- parameter und FUNCTION sind vom Typ COMPLEX.

6.2.7 Vorzeichen-Übertragung

Syntax:

```
SIGN (parameter1,parameter2)
```

Semantik:

überträgt das Vorzeichen von parameter1 auf parameter2

Bemerkungen:

- Die Parameter sind vom Typ REAL.

- Für INTEGER-Parameter wird die FUNCTION ISIGN verwendet

- Für DOUBLE PRECISION-Parameter steht die FUNCTION DSIGN zu Verfügung.

6.2.8 Differenz-Bildung

Syntax:

```
DIM (parameter1,parameter2)
```

Semantik:

bildet die positive Differenz von parameter1 und parameter2

Bemerkungen:

- Die Parameter sind vom Typ REAL.

- Für INTEGER-Parameter wird die FUNCTION IDIM verwendet

- Für DOUBLE PRECISION-Parameter steht die FUNCTION DDIM zu Verfügung.

6. INTRINSIC FUNCTIONS

7. FEHLERMELDUNGEN

7.1 Compiler- und Linkerfehler

Fehlermeldungen die den Compiler oder Linker betreffen sind nicht nummeriert. Die folgende Aufstellung enthält die häufigsten Fehler:

- `Compiler out of memory`

    Dieser Fehler tritt auf, wenn der Compilerdurchlauf die Speicherkapazität des Hauptspeichers überschreitet. Bei dieser Fehlermeldung sehen Sie bitte in Ihr MS-FORTRAN Compilerhandbuch unter "Compilieren und linken großer Programme".

- `Out of space on runfile`

    Auf Ihrer Programmdiskette ist nicht genügend freier Speicherplatz. Wechseln Sie die Diskette oder löschen Sie nicht mehr benötigte Dateien.

- `File not found`

    Die von Ihnen zum Compilieren oder Linken angegebene Datei kann nicht gefunden werden. Das könnte auf einen falsch geschriebenen Dateinamen, eine falsche Diskette oder eine falsche Pfadangabe zurückzuführen sein.

7.2 Nummerierte Übersicht der Fehlermeldungen:

1   Unbestimmter Fehler beim Lesen des Quelltextes

    Die Ursache könnte eine defekte Diskette sein.

2   Nicht numerisches Zeichen im Sprungmarkenbereich

    Das ist ein Zeichen in Spalte 1-5

3   Zu viele Fortsetzungszeilen

    Das Limit beträgt 19 Fortsetzungszeilen.

7. Fehlermeldungen

4   Auf nicht erwartetes Dateiende gestoßen

Dies deutet auf irgendein physikalisches Problem mit Ihrem Laufwerk hin.

5   Sprungmarke in Fortsetzungszeile

Wenn in Spalte 6 ein Zeichen vorhanden ist, dann darf in Spalte 1-5 kein Zeichen sein (außer wenn diese Zeile eine Kommentarzeile ist).

6   Ungültiger Meta-Befehl

7   Datei kann nicht geöffnet werden

Die Datei ist geschützt oder kann nicht gefunden werden.(Falsches Laufwerk, falscher Pfad etc.)

8   Unbekannter Meta-Befehl

9   Eingabedatei hat ungültiges Format

10   Zu viele Include-Dateien

11   Zu große Integer-Konstante

12   Zu große Real-Konstante

13   Zu viele Ziffern in Konstante

14   Zu langer Name

15   Character-Konstante nicht geschlossen

16   Character-Konstante mit ohne Inhalt

17   Ungültiges Zeichen in Eingabe

18   Integer-Konstante erwartet

19   Sprungmarke erwartet

20   Fehler Sprungmarke

21	Typ erwartet
22	Integer-Konstante erwartet
23	Zusätzliche Zeichen am Anweisungsende

Manchmal tritt dieser Fehler auf, wenn versehentlich ein Zeichen in Spalte 6 (Fortsetzungsspalte) eingetragen wurde oder es stehen Zeichen hinter der THEN- oder ELSE-Anweisung

24	"(" erwartet
25	Buchstabe schon in IMPLICIT benutzt
26	")" erwartet
27	Buchstabe erwartet
28	Name erwartet
29	Dimensionen erwartet
30	Feld schon dimensioniert
31	Zu viele Dimensionsangaben
32	Unkompatible Argumente

Aktuelle und formelle Parameter passen nicht zusammen. Dies ist gewöhnlich auf einen Typenkonflikt oder auf die Benutzung eines Feldnamens für eine gewöhnliche Variable zurückzuführen.

33	Name hat schon einen Typ
34	Name schon deklariert
35	INTRINSIC FUNCTION hier nicht erlaubt
36	Name muß eine Variable sein
37	Name muß eine Variable sein
38	"/" erwartet

7. Fehlermeldungen

39		Genannter COMMON-Block schon gesichert
40		Variable schon in COMMON-Block erschienen
41		Variablen in zwei verschiedenen COMMON-Blöcken
42		Indexanzahl wiederspricht der Deklaration
43		Index überschreitet die zugewiesenen Grenzen
44		Zwingt zwei Elemente auf dieselbe Speicherstelle
45		Zwingt die Speicherstelle in negative Richtung

Dies deutet gewöhnlich auf ein Problem mit einer EQUIVALENCE Anweisung hin.

46		Verursacht Speicherstellenkonflikt
47		Anweisungsnummer erwartet
48		CHARACTER und numerische Teile im gleichen COMMON-Block
50		Ungültiges Symbol in Ausdruck
51		SUBROUTINE-Name in Ausdruck
52		INTEGER oder REAL erwartet
53		INTEGER, REAL oder CHARACTER erwartet
54		Typen nicht kompatibel
55		LOGICAL-Ausdruck erwartet
56		Zu viele Indexangaben
57		Zu wenig Indexangaben
58		Variable erwartet
59		"=" erwartet

7. Fehlermeldungen

61 Typenzuweisung passt nicht

62 SUBROUTINE-Name erwartet

63 Unechter Parameter nicht erlaubt

65 Variable Größendeklaration nur für unechte Felder

   Sie können keine variable Größe in einem feststehendem Feld benutzen.

   `Beispiel: INTEGER OHOH(5,5,*)`

66 Variable Größendeklaration nur für unechte Felder

   Sie können keine veränderbare Größe für ein feststehendes Feld benutzen.

   `Beispiel: DIMENSION D(2,2,N)`

67 Variable Größe muß die letzte Dimension sein

68 Variable Dimensionsangabe muß ein Parameter sein.

69 Variable Feldgrenze muß eine einfache Integer-Variable sein

70 Mehr als ein Hauptprogramm

71 Größe in benannter COMMON-Anweisung muß vereinbart werden

72 Variable Argumente nicht erlaubt

   Sie können keine unechten Argumente in DATA-Anweisungen benutzen.

73 COMMON-Variablen nicht erlaubt

74 SUBROUTINE-, FUNCTION- oder INTRINSIC-Namen nicht erlaubt.

75 Indexangabe überschreitet die vereinbarte Grenze.

76 Wiederholungszähler muß >=1 sein

77 Konstante erwartet

78	Typenkonflikt.	
79	Anzahl der Variablen falsch	
81	Diese INTRINSIC FUNCTION ist nicht erlaubt	
82	INTRINSIC FUNCTION Typkonflikt	
83	Buchstabe erwartet	
84	FUNCTION-Typkonflikt mit vorausgehendem Aufruf	
85	SUBROUTINE / FUNCTION schon vereinbart	
87	Argument-Typkonflikt	
88	SUBROUTINE / FUNCTION Konflikt	
89	Unbekannte Anweisung	
90	CHARACTER FUNCTION nicht erlaubt	
91	Fehlende END-Anweisung	
93	Weniger aktuelle als formale Parameter im Aufruf	
94	Mehr aktuelle als formale Parameter im Aufruf	
95	Parameter-Typkonflikt	
96	SUBROUTINE / FUNCTION nicht definiert	
98	CHARACTER-Größe ungültig Die Länge muß größer oder gleich 1 und kleiner oder gleich 127 sein.	
100	Falsche Anweisungsfolge	
101	Undefinierbare Anweisung	
102	Sprung in einen Block nicht erlaubt	

103 Anweisungsnummer schon für Format benutzt

104 Anweisungsnummer schon definiert

105 Sprung zum FORMAT nicht erlaubt

106 DO-Anweisung hier nicht erlaubt

107 DO-Anweisungsnummer muß einer DO-Anweisung folgen

108 ENDIF hier nicht erlaubt

109 Zugehöriges IF fehlt

110 Unrichtig verschachtelter DO-Block in IF-Block

111 ELSEIF hier nicht erlaubt

112 Zugehöriges IF fehlt

113 Unrichtig verschachtelter DO- oder ELSE-Block

114 "(" erwartet

115 ")" erwartet

116 THEN erwartet

117 Logischer Ausdruck erwartet

118 ELSE hier nicht erlaubt

119 Zugehöriges IF fehlt

120 GOTO hier nicht erlaubt

122 Block-IF hier nicht erlaubt

123 Logisches IF hier nicht erlaubt

124 Arithmetisches IF hier nicht erlaubt

125 "," erwartet

126	Ausdruck vom falschen Typ	
127	RETURN hier nicht erlaubt	
128	STOP hier nicht erlaubt	
129	END hier nicht erlaubt	
131	Anweisungsnummer nicht definiert	
132	DO- oder IF-Block nicht beendet	
133	Format hier nicht erlaubt	
134	FORMAT-Anweisungsnummer schon benutzt	

Diese Formatanweisung hat eine Zeilennummer, die schon an anderer Stelle benutzt wurde.

135	FORMAT-Anweisungsnummer fehlt	
136	Name erwartet	
137	Integer Variable erwartet	
138	TO erwartet	
139	Integer Ausdruck erwartet	
140	ASSIGN Anweisung fehlt	
141	Unbekannte Character-Konstante	
142	Character-Konstante erwartet	
143	Integer Ausdruck erwartet	
145	Nur Character Ausdruck erlaubt	
146	Widersprechende Optionen	
147	Option schon definiert	

148 Integer Ausdruck erwartet

149 Unerkennbare Option

150 RECL = fehlt

151 Variable Felder hier nicht erlaubt

152 Anweisungsende in indirektem DO angetroffen

153 Variable als Kontrolle für indirektes DO nötig

154 Ausdrücke in I/O Liste nicht erlaubt

155 REC= Option schon definiert

156 Integer Ausdruck erwartet

157 END = hier nicht erlaubt

158 END = schon definiert

159 Unerkennbare I/O Einheit

160 Unerkennbares Format in I/O

161 Optionen erwartet nach ","

162 Unbekanntes I/O Listenelement

163 FORMAT nicht gefunden

164 ASSIGN fehlt

165 Anweisungsnummer schon für FORMAT benutzt

166 Integer Variable erwartet

167 Anweisungsnummer mehr als einmal für Format definiert

188 Anweisung zu kompliziert

Versuchen Sie lange Anweisungen zu unterteilen.

7. Fehlermeldungen

203	CHARACTER FUNKTION hier nicht erlaubt
406	Einheit Null muß formatiert und sequentiell sein
407	ERR = schon definiert
408	Zu viele Anweisungsnummern
409	Ungültiger Wert für diesen Typ
410	DOUBLE PRECISION erwartet
411	Integer Typkonflikt
415	Dimension zu groß
420	Ungültiger FUNCTION-Aufruf
421	INTRINSIC nicht erlaubt
501	Unbekanntes Zeichen
502	Leerzeichen in Meta-Befehl nicht erlaubt
503	Meta-Befehl hier nicht erlaubt
504	Größe schon definiert
601	Rechenbereich überschritten
701	CHARACTER Typ erwartet
703	Interner Fehler
	Ein interner Fehler ist aufgetreten. Bitte nehmen Sie Kontakt mit Microsoft auf.
705	Interner Fehler
	Ein interner Fehler ist aufgetreten. Bitte nehmen Sie Kontakt mit Microsoft auf.

706 Interner Fehler

Ein interner Fehler ist aufgetreten. Bitte nehmen Sie Kontakt mit Microsoft auf.

708 Interner Fehler

Ein interner Fehler ist aufgetreten. Bitte nehmen Sie Kontakt mit Microsoft auf.

709 CHARACTER Typ nicht erwartet

710 Interner Fehler

Ein interner Fehler ist aufgetreten. Bitte nehmen Sie Kontakt mit Microsoft auf.

711 Interner Fehler

Ein interner Fehler ist aufgetreten. Bitte nehmen Sie Kontakt mit Microsoft auf.

712 Interner Fehler

Ein interner Fehler ist aufgetreten. Bitte nehmen Sie Kontakt mit Microsoft auf.

713 Fehler bei einer LONG-INTEGER-Typanpassung

714 Kann keine Typanpassung in SINGLE durchführen

715 Kann keine Typanpassung in DOUBLE durchführen

717 Interner Fehler

Ein interner Fehler ist aufgetreten. Bitte nehmen Sie Kontakt mit Microsoft auf.

804 Real Konstante zu groß

805 Integer Konstante zu groß

806 Aktueller Parameter fehlt

7. Fehlermeldungen

807 Variable zu groß

808 Datensegmentgröße überschreitet Maximum (64 KB)

809 Zahl erwartet

810 Zahl oder CHARACTER erwartet

811 Zuweisung zur DO-Index-Variablen

812 Name schon im COMMON-Anweisung benutzt

813 Felddimension hat falschen Wert

815 Unterprogramm kann nicht erkannt werden

817 Unerlaubter Complex-Vergleich

818 Integer Konstantenausdruck erwartet

819 IOSTAT = schon definiert

820 CHARACTER Ausdruck erwartet

821 CHARACTER Variable erwartet

822 LOGICAL Variable erwartet

824 $LARGE schon gesetzt

825 $NOTLARGE schon gesetzt

826 Variable bereits als LARGE deklariert

827 Variable bereits als NOTLARGE deklariert

828 Interner Fehler

Ein interner Fehler ist aufgetreten. Bitte nehmen Sie Kontakt mit Microsoft auf.

829 Interner Fehler

Ein interner Fehler ist aufgetreten. Bitte nehmen Sie Kontakt mit Microsoft auf.

830 Interner Fehler

Ein interner Fehler ist aufgetreten. Bitte nehmen Sie Kontakt mit Microsoft auf.

831 INTEGER oder LOGICAL erwartet

832 Dateninformationen überschreiten 64K Grenze

833 Kann Konstante nicht umwandeln

834 Name bereits SAVED

835 Common oder Variable erwartet

836 Feldübergabe nicht erlaubt

900 Versucht durch Null zu teilen

901 Überlauf während der Berechnung einer INTEGER-Konstante

902 Ausdruck zu komplex

903 Zu viele Prozeduren und/oder Funktionen

7.3 Laufzeit-Fehlermeldungen

Die folgenden Fehler können auftreten, während ein Programm läuft:

1000 Schreibfehler beim Schreiben vom Dateiende

1002 Dateinamenerweiterung mit mehr als 3 Zeichen

1003 Fehler während der Erzeugung einer neuen Datei (Diskette oder Verzeichnis voll.)

7. Fehlermeldungen

1004	Fehler während der Eröffnung bestehender Dateien Datei nicht zu finden.)
1005	Dateiname mit mehr als 8 Zeichen oder keine Zeichen
1007	Länge des Dateinamens über 21 Zeichen
1008	Schreibfehler beim Vorrücken zum nächsten Datensatz
1009	Datei zu groß (über 65535 logische Sektoren)
1010	Schreibfehler beim Suchen nach direktem Datensatz
1011	Versuch, eine Datei auf einer Einheit zu öffnen, die kein ein Disketten- bzw. Festplattenlaufwerk ist.
1027	Fehler Dateiname
1028	Fehler Diskette voll
1030	Dateisystem
1031	Operation
1032	Datei nicht zu finden
1033	Datei nicht zu finden
1034	Dateisystemfehler
1035	Geschützte Datei
1036	Dateisystemfehler
1037	Dateisystemfehler
1038	Dateisystemfehler
1039	Dateisystemfehler
1040	Dateisystemfehler
1041	Datenformat

7. Fehlermeldungen

1042 Dateisystemfehler

1043 Datenformat

1044 Dateisystemfehler

1045 Unbekanntes Gerät

1046 Dateisystemfehler

1047 Dateisystemfehler

1048 Dateisystemfehler

1200 Format vermißt letzte ")"

1201 Zeichen in Input nicht erwartet

1202 Zeichen in Input nicht gefolgt von Ziffer

1203 Ziffer in Input erwartet

1204 Fehlendes N oder Z nach B in Format

1205 Unerwartetes Zeichen in Format

1206 Null-Wiederholungsfaktor in Format nicht erlaubt

1207 Integer erwartet für w Feld in Format

1208 Positive INTEGER-Konstante für w- Feld in Format verlangt

1209 "." erwartet in Format

1210 Positive INTEGER-Konstante für d-Feld in Format erwartet

1211 Positive INTEGER-Konstante für e-Feld in Format erwartet

1212 Positive Integer für e Feld in Format verlangt

1213 Positive INTEGER-Konstante für w-feld in Format verlangt

1216 x-Feld in Format verlangt Wiederholungsfaktor

1217	p-Feld in Format verlangt Wiederholungsfaktor
1218	INTEGER erscheint vor + oder - im Format
1219	INTEGER erwartet nach + oder - im Format
1220	p-Format erwartet nach Wiederholungsfaktor im Format
1221	Maximalen Verschachtelungsanteil für Formate überschritten
	Sie können nicht mehr als drei Paar runde Klammern innerhalb der Hauptklammern in einer FORMAT-Anweisung einsetzen.
1222	")" hat Wiederholungsfaktor im Format
1223	Integer gefolgt von "," nicht erlaubt im Format
1224	"." ist unerlaubtes Format-Kontrollzeichen
1225	Zeichenkonstante darf nicht zum Lesen im Format erscheinen
1226	Zeichenkonstante im Format darf nicht wiederholt werden
1227	"/" im Format darf nicht wiederholt werden
1228	"\" im Format darf nicht wiederholt werden
1230	Versuch eine unbekannte Einheitennummer zu übergeben
1231	Formatierter Ein/Ausgabe-Versuch auf Datei, die als unformatiert eröffnet wurde
1232	Formatangabe darf nicht mit "(" beginnen
1233	I-Format erwartet, um Integer zu lesen
1234	F- oder E-Format erwartet, um Real zu lesen
1235	Zwei "." Zeichen in formatiertem Real gelesen
1236	Unerlaubte REAL-Zahl
1237	L-Format erwartet, um Logical zu lesen

7. Fehlermeldungen

1238 Leeres logisches Feld

1239 T oder F erwartet, um Logical zu lesen

1240 A-Format erwartet, um Character zu lesen

1241 I-Format erwartet, um Integer zu schreiben

1242 w-Feld in F-Format nicht größer als d-Feld + 1

1243 Skalierungsfaktor überschreitet zulässige Grenze von d-Feld im E-Format

1244 E- oder F-Format erwartet, um Real zu schreiben

1245 L-Format erwartet, um Logical zu schreiben

1246 A-Format erwartet, um Character zu schreiben

1247 Versuch, eine unformatierte Ein/Ausgabe auf eine Einheit zu schreiben, die formatiert eröffnet wurde.

1251 Integer-Überlauf in Eingabe

Ein Integer*2 -Wert muß im Bereich von -32767 bis 32767 sein. Ein Integer*4 -Wert muß im Bereich von -2147483647 bis 2147483647 sein.

1252 Zu viele Bytes vom Eingabedatensatz gelesen

Dieser Fehler tritt auf, wenn Sie versuchen, mehr Bytes aus einer unformatierten Datei zu lesen, als sich in einem Datensatz befinden.

1253 Zu viele Bytes auf Datensatz einer Direktzugriffsdatei geschrieben

Bei der Eröffnung einer Direktzugriffsdatei müssen Sie die Länge eines Datensatzes in Bytes angeben (RECL). Sie können nicht mehr als diese Anzahl Bytes in einem einzelnen Datensatz in die Datei schreiben.

1255 Versuch, eine Ein/Ausgabe hinter dem Dateiende zu schreiben

1256 Versuch, eine Einheit mit direktem Zugriff zu einer nicht positiven Satznummer zu positionieren

1257	Versuch, einen direkten Zugriff auf eine Einheit durchzuführen, die sequentiell eröffnet wurde
1260	Versuch, BACKSPACE, REWIND, EOF oder ENDFILE-Anweisung in Zusammenhang mit einem Terminal oder Drucker durchzuführen
1263	Unkorrekte physikalische Datensatzstruktur in unformatierter Datei
1264	Versuch, unformatierte Ein-/Ausgabe in interne Datei zu schreiben
1265	Versuch, mehr als einen Datensatz in einer internen Datei abzulegen
1266	Versuch, in eine interne Datei mehr Zeichen zu schreiben, als ihrer Länge entspricht
1267	EOF an unbekannte Einheit gesendet
1268	Dynamisches Dateizuweisungslimit überschritten
	Vergrößern Sie in der Datei CONFIG.SYS die Angabe für FILES=
1269	Hilfsdatei zum Lesen geöffnet
	Hilfsdateien werden vom Microsoft FORTRAN System angelegt,
1273	Tastaturpufferüberlauf: Zu viele Bytes in Tastatureingabesatz geschrieben (mehr als 132)
1274	LONG INTEGER gelesen
1275	LONG INTEGER geschrieben
1281	Wiederholungsfaktor keine INTEGER-Konstante
1283	Unerlaubte numerische Daten in listengesteuerter Eingabe
1284	Listengesteuerte numerische Information größer als Datensatzgröße
1285	Unerlaubte Zeichenkette in listengesteuerter Eingabe
	Eine erlaubte Zeichenkette ist eine Zeichenkette, die mindestens ein Zeichen enthält, eingeschlossen in einfachen Anführungszeichen.

1286 Kein Komma in listengesteuerter Komplex-Eingabe angetroffen

1298 Dateiende angetroffen

2000 Stack-Überlauf

Dieser Fehler tritt auf, wenn die Stackgrenze überschritten wurde. Das Limit ist abhängig von der gesamten Menge des Speichers, der in Ihrem Computer verfügbar ist. Gewöhnlich bedeutet dies, das Unterprogrammaufrufe zu kompliziert verschachtelt wurden.

2002 Heap ist nicht erlaubt

Dieser Fehler tritt auf, wenn Teile des Speichers, die auf verlangen zugewiesen wurden (der "heap"), beeinflußt worden sind. Gewöhnlich wird dies durch einen unerlaubten Feldindex oder irgendwelche anderen unerlaubten Zugriffe auf Daten verursacht.

2052 INTEGER dividiert durch Null

2054 Mathematischer INTEGER-Überlauf

2084 INTEGER-Wert ist Null bei negativer Potenz

Sie können nicht Null mit einem negativen Wert potenzieren.

2100 REAL dividiert durch Null

2101 Mathematischer REAL Überlauf

2102 SIN- oder COS-Argumentbereich

Die absoluten Werte der Argumente SIN, COS oder TAN sind zu groß. Der maximal mögliche Wert ist abhängig von Ihrer mathematischen Bibliothek. Wenn Sie die mathematische Dezimal-Bibliothek benutzen, beträgt das Maximum 10,000,000 (10**7). Für alle anderen Bibliotheken beträgt das Maximum 134,217,728 (2**27).

2103 EXP-Argumentbereich

Das Argument vom EXP ist so groß, daß es ein Ergebnis liefert, das größer ist als das Maximum für diesen Datentyp.

7. Fehlermeldungen

2104	SQRT von negativem Argument
2105	LN von nicht positivem Argument
	Das Argument von LN muß größer als Null sein.
2131	Arctan-Argument Null
2132	Arcsinus oder Arccosinus von REAL > 1.0
2133	Negatives REAL zu REAL-Potenz
2134	REAL Null zu negativer Potenz
2135	Mathematischer REAL Unterlauf
2136	REAL unbestimmt (nicht initialisiert oder vorhergehender Fehler)
2137	Fehlender Arithmetik-Prozessor
	Sie haben Ihr Programm mit einer Laufzeit-Bibliothek gelinkt, die zur Benutzung mit dem numerischen Coprozessor 8087/80287 vorgesehen ist, aber dieser Coprozessor in Ihrem System nicht existiert. Linken Sie Ihr Programm nochmals mit der Laufzeit-Bibliothek, die Gleitkomma-Arithmetik anstrebt.
2138	REAL IEEE unrichtig benutzt
2139	REAL Genauigkeitsverlust
	Eine arithmetische Operation mit dem numerischen Coprozessor 8087/80287 hat in dem Ergebnis einer Operation einen Verlust an numerischer Genauigkeit verursacht.
2145	REAL Stack-Überlauf
	Ihre Berechnung ist zu kompliziert, vereinfachen Sie den Ausdruck.
2200	Long Integer durch Null dividiert
2201	Mathematischer Long Integer Überlauf
2234	Long Integer-Wert ist Null bei negativer Potenz

7. Fehlermeldungen

Technische Akademie Wuppertal

Außeninstitut der Rheinisch-Westfälischen Technischen Hochschule Aachen
Kontaktstudien-Institut der Bergischen Universität - GH Wuppertal
Weiterbildungsinstitut der Heinrich-Heine-Universität Düsseldorf

Weiterbildungszentren Wuppertal / Nürnberg / Bochum

5600 Wuppertal 1	Postfach 100409	Telefon: 0202/7495-0
Hubertusallee 18	FS 8592525	Telefax: 0202/7495-202

Überbetriebliche und betriebliche Veranstaltungen
(in Wuppertal, Nürnberg, Bochum, Hamburg, Berlin, Frankfurt, Würzburg, Wien, Zürich u. a.
in Wuppertal auch als Bildungswerk der IHK Wuppertal-Solingen-Remscheid)

Ingenieur- und Naturwissenschaften
Maschinenbau, Elektrotechnik, Elektronik, Bauwesen, Verkehrs- und Vermessungswesen
Energietechnik, Verfahrenstechnik, Sicherheitstechnik, Interdisziplinäre Techniken
Mathematik, Physik, Chemie, Werkstoffe, Konstruktion, Fertigung, Qualitätswesen

Arbeits- und Sozialwissenschaft, Recht
Führungslehre, Führungstraining, Management, Personal- und Sozialwesen
Recht, Arbeitswissenschaft

Wirtschaftswissenschaft
Organisation/EDV, Finanz- und Rechnungswesen, Absatzwirtschaft, Materialwirtschaft

Sonderveranstaltungen
Tagungen, Symposien, Vorträge, Wuppertaler Gespräche

CAD/CAM-Akademie
Beratung, Entwicklung, Schulung
Technologieberatungsstelle der IHK Wuppertal-Solingen-Remscheid

---

Abend-Akademie Bergisch Land
Lehrgänge mit TAW- und IHK-Abschlußprüfung

Verwaltungs- und Wirtschafts-Akademie Wuppertal (VWA)
Betriebswirt (VWA), Informatik Betriebswirt (VWA)
Wirtschaftsinformatiker (VWA)

Qualifizierungslehrgänge
in Zusammenarbeit mit der Arbeitsverwaltung

Laboratorium
Labor für kathodischen Korrosionsschutz und Elektrotechnik
Untersuchungen, Gutachten, Beratung

Praxiswissen EDV

Hrsg.: Technische Akademie Wuppertal

Einführung in die Programmiersprache COBOL

Von M. Dickeler
1989, 16 × 24 cm, 224 Seiten, kart.,
DM 38,–
ISBN: 3-88585-652-2

Das Hauptziel eines Programmierkursus sollte es nicht sein, Perfektion in Kenntnis und Anwendung aller Fähigkeiten und Eigenarten einer bestimmten Programmiersprache zu vermitteln.
Niklaus Wirth

Praxisorientiert geht dieses Buch speziell auf die Belange des Programmieranfängers ein.

Das Buch ermöglicht Ihnen, sich selbständig in die wesentlichen Bereiche von COBOL einzuarbeiten. Um das zu erreichen, gibt das Buch einen strukturierten Einblick in die Programmiersprache COBOL, ohne alle sprachspezifischen Eigenheiten zu berücksichtigen.

Das Buch versetzt den Leser in die Lage, praxisorientierte Programme in mbp-COBOL® zu erstellen. Dazu werden hier das Konzept und die wichtigsten Sprachelemente von COBOL beschrieben und die Anwendung anhand von Beispielen dargestellt. Ebenso kann der Leser sein erworbenes Wissen mit Hilfe von Kontrollfragen und Übungen überprüfen.

VERLAG TÜV RHEINLAND KÖLN
Am Grauen Stein
5000 Köln 91
Fernruf 02 21/83 93-0